郑怀贤武学丛书

朴刀进枪与盾牌刀对棍

成都体育学院武术系　审定
刘涛　曾杨　编著

人民体育出版社

《郑怀贤武学丛书》编委会

顾　问：习云泰　　邓昌立　　邹德发　　叶道清
　　　　郭洪海
主　编：李静山（成都体育学院武术系主任、教授）
　　　　赵　斌（成都体育学院武术系副主任、教授）
编　委：（以姓氏笔画为序）
　　　　王明建　　艾泽秀　　冉学东　　刘　涛
　　　　刘金丽　　李　威　　孙　超　　李传国
　　　　杨啸原　　应　磊　　辛双双　　张　勇
　　　　张小鸥　　张茂于　　陈　扬　　陈振勇
　　　　周直模　　彭鸣昊　　卿光明　　黄　静
　　　　龚茂富　　曾　杨　　温佐惠

总 序

《郑怀贤武学丛书》的编写出版是对我国著名的武术家、中医骨伤科专家郑怀贤先生的缅怀和纪念。本套丛书汇集了郑怀贤先生武学思想成就和成都体育学院一批武术前辈的武学精华与专长。它不仅反映了以郑怀贤先生为代表的成都体育学院老一辈武术家对中国武术传承与发展作出的贡献,同时也体现了他们在成都体育学院武术发展形成特色过程中的风采和对武术创新的成果。

郑怀贤(1897—1981年)先生生前历任中华全国体育总会常委、第3届中国武术协会主席、中国体育科学学会理事、全国运动医学学会委员、中华医学会四川分会副理事长等职。他一生致力于武术和中医骨伤科事业的发展与研究,先后拜李尔青、魏金山、孙禄堂(孙式太极拳创始人)等武术前辈为师,系统地学习武术、伤科诊疗技术和伤科方药。1936年他参加柏林第11届奥运会中国国术表演,以精湛的飞叉技艺震惊世界,为中国武术在国际体育舞台上争得了荣誉,产生了深远的影响。1958年他参与创建了中国第一所体育医院(成都体育学院附属医院),担任院长达二十三年之久。他的一生,集武术与医学为一生,武艺绝伦,医术精湛,扶弱救贫,教书育人,诲人不倦。为我国的武术和中医骨伤专业培养了大批的优秀人才,作出了巨大的贡献。

本丛书主要特点为:第一,内容丰富,特色鲜明。如成都体育学院的武术经典套路"八卦龙形剑"以及王树田老师的八极拳、形意对打等曾被列为20世纪70年代《全国业余武术教练员训练班》的必修教材。一代"猴王"肖应鹏老师的猴拳分别获得第1届全国民族形式体育表演及竞赛大会和第2届、第3届全国少数民族传统运动会的一等奖。兰素贞老师的"绵拳",作为四川地方优秀传统拳种列入了《四川武术大全》一书。邓昌立老师的八卦掌以及叶道清老师和邹德发老师的对练,不仅内容丰富,而且风格特点与技法等独具特色。第二,传承有序,彰显传统。如郑怀贤先生所传之八卦掌、形意拳均源自孙式太极拳创始人孙禄堂先生,八极拳、形意对打等内容则是王树田老师在中央国术馆学习时的主要内容。这些套路较好地保留了中国传统武术的风格与特点,充分发挥了高校传承中国传统武术的价值与作用。第三,创新继承,弘扬发展。20世纪70—80年代,成都体育学院武术在郑怀贤先生创新发展理念的指导下,创编了三人对练、双手夺枪、三人对棍等对练套路四十多套,占据全国首位;郭洪海老师首创了旋子转体360°的动作,影响深远,将传统武术套路的发展推向一个新的起点。

  本丛书的编写凝集着成都体育学院武术系全体老师的心血和汗水。为了搞好丛书的撰写工作,在学院领导的大力支持下,武术系先后召开了多次郑怀贤武学思想研讨会,并邀请国内外知名专家和学者进行了研讨。同时,以座谈和访谈的形式,深入社会和家庭,对郑怀贤生前传承弟子以及武术系退休老教师进行了调查与收集资料。这些工作为本套丛书的顺利编写奠定了坚实的基础。在此,对全体参与丛书编写的人员付出的艰辛劳动表示感谢。

  2012年正值我院70周年校庆,本丛书将作为校庆的一份献礼,以示祝贺。真心祝愿我们的成都体育学院未来发展更加辉煌,真正实现"科学发展,建设成为高水平有特色的高等体育学府"的办学目标。

丛书编委会
2011年10月1日

前　言

　　为弘扬传统武术文化，传承郑怀贤教授武术技艺和文化思想，让更多的人走进郑老先生的武学世界，在思想上、理论上、实践学习中都能从不同的角度认识郑老的武学特色和独有的人格魅力，越来越多的人开始关注郑怀贤教授的武学技艺和思想体系。近年来，随着民族传统体育的不断发展，我们发掘整理大量史料和文献，在郑怀贤教授丰富的武学体系的基础上，吸收了多年的习武及教学经验，同时也适当地结合当今武术套路发展的趋势，对朴刀进枪与盾牌刀对棍套路进行了创新。

　　本书介绍的是对练项目中较为经典的两人器械对练套路——朴刀进枪和盾牌刀对棍，也是典型的长与短和单与双器械对练。之所以选取该套路为代表是由于不同器械的演练风格各异，或快速有力、灵活多变，或闪展腾挪、起伏转折，但都是节奏鲜明、气势磅礴，将亦真亦假的两人间对练演练得各有千秋，而朴刀进枪与盾牌刀对棍均采用器械与器械对练的演练形式，其共同特点是配合默契、意识逼真、进攻防守合理，是以展现双方各自器械的攻防特点为主要表现形式并结合郑怀贤教授多年习武经历以及武学思想实践的精品对练套路。笔者将从对练套路的源流、风格特点、演练要求、基本方法及动作名称、动作图解、动作路线示意图七个方面进行解析，方便读者学习使用，能使读者对此对练项目达到一定程度

的认识。

在本书的编写过程中,得到了前成都体育学院教师、现国家级教练邓昌立老师的大力支持,特表示衷心感谢!

因水平有限,书中不足、错漏之处在所难免,恳请广大读者提出宝贵意见,以便进一步修改提高。

编著者

目 录

- 一、朴刀进枪与盾牌刀对棍的源流 ……………………（1）
  - （一）对练项目的起源和历史演变 ………………（1）
  - （二）朴刀进枪与盾牌刀对棍对练项目的传承 ………（4）
  - （三）朴刀进枪与盾牌刀对棍对练项目对四川武术发展的贡献 ………………………………………（6）
  - （四）习练朴刀进枪与盾牌刀对棍的健身意义 ………（7）
- 二、朴刀进枪与盾牌刀对棍的风格特点 ……………………（9）
  - （一）朴刀进枪对练的风格特点 ……………………（9）
  - （二）盾牌刀对棍对练的风格特点 …………………（10）
- 三、朴刀进枪与盾牌刀对棍的演练要求 ……………………（12）
  - （一）按照不同器械技击方法进行器械对练 ………（12）
  - （二）配合默契，意识逼真 …………………………（12）
  - （三）身械协调 ………………………………………（13）
  - （四）攻防合理 ………………………………………（14）
  - （五）把法熟顺 ………………………………………（14）
  - （六）力点准确 ………………………………………（15）

四、朴刀进枪套路解析 …………………………………（16）

（一）基本技法和动作 ………………………………（16）
（二）组合动作 ………………………………………（33）
（三）朴刀进枪套路动作名称 ………………………（44）
（四）朴刀进枪套路动作图解 ………………………（46）
（五）朴刀进枪套路运行路线示意图 ………………（111）

五、盾牌刀对棍套路解析 …………………………………（114）

（一）基本技法和动作 ………………………………（114）
（二）组合动作 ………………………………………（127）
（三）盾牌刀对棍套路动作名称 ……………………（135）
（四）盾牌刀对棍套路动作图解 ……………………（136）
（五）盾牌刀对棍套路运行路线示意图 ……………（195）

一、朴刀进枪与盾牌刀对棍的源流

中国武术在几千年中国文化与文明的哺育和熏陶之下，从格斗理念到价值取向、从运动形式到技术内容都存在诸多独到之处。尽管人类的格斗术始于战争，是从战场上的血腥厮杀总结出来的，但它的初始技术各民族是几近相同的。自春秋战国前有血流中庭的剑客斗剑开始发展至后来立下生死状的"打擂"，此类具有竞技技击性质的武术对打、对练运动慢慢表现出一种极具中国文化特色的内涵。正如著名国学大师钱穆先生所指出的：中国文化是一种和平文化、伦理文化、内倾文化、审美文化的综合体现。武术作为一种文化，更注重方法，善用技巧，讲究用意、行气、用劲的巧妙及整体的和谐。追求功夫的彰显，通过说招、试招，显示功力，表现技艺等方式，取得心理上的输赢和人格的完善，追求"内圣外王"的君子式格斗竞技。武术对练文化所承载的传统文化内容、所折射的民族精神光彩，是丰富的、深厚的、内蕴的，在这个意义上它不仅仅是一种体育运动，更是一种文化形态，一种民族文化的重要载体。

（一）对练项目的起源和历史演变

武术对练是武术项目之一，它是在各种武术单练项目的基础上，按照攻防格斗规律和预先编排好的套路所进行的假设性实战练习，包括徒手对练、器械对练、徒手与器械对练。武术对练作为武术运动发展到一定阶段后的产物，经过历史的洗涤、锤炼而日益特色鲜明，引人入胜。

原始武术的萌生与发展，与人类的生存竞争和原始战争分不开。原始社会时期，人们技击的内容主要有两方面：一是徒手的拳脚肢体的运用；二是掌握使用武器的技巧。早在数十万年前的旧石器时代，人们在与禽兽的斗争中就逐渐形成奔跑、跳跃、闪躲、滚翻、拳打、脚踢等徒手的以及运用石制、木制武器的技能，出现了攻防的种种姿势与动作。激烈的生存搏斗，要求人们掌握一定的攻防格斗技能并经过实践检验自觉而熟练地运用各种攻防格斗技能，从而有力地促进了原始武术的形成。

形成具有一定技巧的拳击搏斗之术，当开端于商周时代。这一时期，习练搏斗、角力是军事训练的重要内容。拳击搏斗技术的发展，主要还是体现在人与人的徒手搏斗。尽管目前在甲骨文中还没有见到"拳"字，但已有"門"字，意为二人徒手相搏，相互击打对方头部。《说文》释为："两士相对，兵杖在后，象门之形。"

春秋战国是一个诸国争雄、战争频繁的时期。各国对军事技术的重视，促进了对武艺与武器的深入研究。对练性质的武术运动发展到此时，已有雏形。对练武术的技艺不但达到多样化，而且更趋成熟。练武的目的不仅是为了战场上的运用，也是为了赛场上的竞争。练武的刺杀搏击，不再是战场敌我的拼杀，而是赛场上的表演与争雄。为了适应武术社会功能的多面性需要，武术技艺必然向多样化发展。此时盛行斗剑之风。《庄子》中有专门叙述斗剑的《说剑》，该篇虽以斗剑为寓言来论述治天下之大道，但所述故事较真实地反映了战国时代斗剑的风气与体制。由春秋战国时期的斗剑之风和讲武活动发展而来的格斗比赛与表演活动，其中除了手搏和角抵外，还包括斗剑、斗兽、剑对戟、戟对剑、空手入白刃。《庄子·人世间》云："且以巧斗力者，始乎阳，常卒乎阴，泰至则多奇巧。"说明当时相搏的方法技巧变化很多。历史上的荆轲刺秦王记载的便是空手对匕首的搏斗场面（《史记·刺客列传》）。

一、朴刀进枪与盾牌刀对棍的源流

三国时邓展善手臂，知晓五种兵器，能空手入白刃。汉代的歌舞戏《东海黄公》根据剧情需要融入了空手夺刀的对打。发展至宋代出现了勾栏瓦舍"女飑数对打套子，令人观睹"（《梦梁录》）。宋代把对练称"打套子"，有枪对牌、剑对牌等。如《东京梦华录》卷四载："由两人出阵，对舞如击刺之状，一人做奋击之势，一人做僵仆。或以枪对牌、剑对牌之类。"可见，当时的对练内容相当丰富。元代由于外族入侵，当朝统治者严禁百姓习武练艺，部分单练、对练等套路技术仅在戏剧中有所保留，以戏剧表演的形式留存下来。在武术蓬勃发展、百花齐放的明代，对练项目被称为"舞对"。"舞对"共分十等，每等都有明确的质量规定，从力度、击法、速度、配合熟练程度等诸方面加以严格考核，以衡量其技艺等级。因而"舞对"成为古代的对练项目逐渐由竞技搏杀走向标准化、规范化、表演化的具体例证。

对练套路在清末民国初期已经成为广大人民喜闻乐见的武术运动练习形式之一。民国时期的精武会，曾设教潭腿、合战等拳术对练二十多路，以及对枪、单刀对大刀等器械对练五十多路。1936年第11届奥林匹克运动会在柏林举行，中国派出以郑怀贤、张文广等武术家组成的中国国术表演队代表团先后在汉堡、柏林、法兰克福和慕尼黑进行表演，每场都博得观众的热烈赞誉，不少项目要返场两三次，尤其是空手夺枪这一对练项目，常常要重复五六次，中国传统武术在世界竞技体坛展示了风采。

新中国成立以来的武术对练项目获得新生，受到重视。传统的武术对练经过老一辈武术家的创编，在保存传统经典技法技理的基础上有所改进、有所创新。值得一提的是以成都体育学院郑怀贤教授、王树田教授为代表的四川武术运动推动者对武术对练项目的发展做出了巨大的贡献，两位老师结合多年的实践经验和教学经验，先后创编了一系列享誉全国的武术对练套路，如空手夺枪、空手夺棍、三人对棍、匕首对步枪、对擒拿等，为四川省武术对练运动的发展奠定了良好的基础，把武术徒手对练和器械对练推向了一个新的发展阶段。

（二）朴刀进枪与盾牌刀对棍对练项目的传承

套路对练运动在成都体育学院的产生发展离不开郑怀贤教授的苦心经营。郑怀贤老师自身武功精湛，以飞叉、孙式太极拳、八卦掌三大绝艺驰名全国，同时又善接骨、打穴、擒拿、摔跤和翻子，并与八卦拳合用，其实战技术全面，技击实力超群，在武术界、中医骨伤科界都有极高的名望。他先后在上海交通大学、上海中华体育会担任武术教员，教授国术。1936年在赴柏林第11届奥运会国术表演队的选拔赛上，郑怀贤老师以总分第三名的成绩成为奥运会国术表演队队员之一，并与其他国术表演队的成员一起第一次将中国武术集体展现在世界体育大会面前，迈出了中国武术走向世界体育的第一步。郑怀贤老师因自身武功精湛、阅历丰富、勇于实践、见识高卓、技艺超群，逐渐形成了自己独到的武术风格，其特点为：气势从容，劲力深透，身法灵捷，打法精确，把沾、闪、走、透、跌、拿的技艺发挥到很高的水平。

1944年，郑怀贤老师任教于成都体育专科学校（新中国成立后五十年代初，成都体育专科学校改为西南体育专科学校，后又改为成都体育学院）期间与同校著名教师王树田兴趣相投，教学相长。王树田老师作为成都体育学院武术系的另一位武学大家，其武艺积淀也相当深厚，他早期习武于中央国术馆，精通形意拳、八卦掌、太极拳、八极拳、查拳、通背、劈挂、翻子、劈刺等多种拳术和器械，其传承明朗、技艺精湛、功夫纯正。在郑怀贤老师和王树田老师合作之下，先后创编了一系列对练套路，其中就有朴刀进枪、盾牌刀对棍等新编套路。这些套路兼具不同器械的风格特点，或快速勇猛，或闪转腾挪，引人入胜。

一、朴刀进枪与盾牌刀对棍的源流

在20世纪六七十年代，人们的物质与文化生活较为匮乏，体育院校内的教师学生往往就担任着丰富人民文化生活的重任。此时，成都体育学院武术系作为西南地区唯一的武术专业院系，经常走出校门走到田间地头，为工人农民表演武术，为当地人民带来欢乐。在经常为人民表演的过程中，郑怀贤老师将多年在社会生活中积累的武术套路作为素材，将多次进行武术技击表演沉淀的演练艺术糅入全新的对练项目中，对刀、枪、棍、剑等器械套路与徒手擒拿格斗术等进行整理、创编，使一套套特色鲜明、攻防合理、意识逼真的武术对练项目展现在观众面前。为了使这些创编的对练套路常练常新，郑怀贤老师和王树田老师不断提升创新创编的理念，并及时将一大批具有项目特色的单练、对练套路传授给当时武术系的教师肖应鹏、兰素贞以及年轻一代教师邓昌立、邹德发、郭洪海、叶道清等，以保障对练套路的传承，在中国猴王肖应鹏、兰素贞等武术大家们的共同努力下，这些传承的套路更加富有艺术色彩，吸引更多的群众观看和学习。

在一次表演结束后，曾有武术爱好者好奇地问郑怀贤老师："你们这武术对练是随意乱打的吗？"在武术竞赛或表演场地上，常看到惊险的武术对练，但见双方或长枪紧扎，或大刀飞舞，或棍子猛抽……郑怀贤老师用三个字回答了他的问题：真功夫！对练中对人体攻击目标转移的情况是很多的。比如：扎枪要对目标的颈部而不是咽喉，并且要求瞄准颈部两侧的外缘，以擦皮不伤肉为最佳，对躯干、腿等各部位进攻也是如此；大刀、朴刀、单刀、棍等器械动作，目标不在头而在后背部位；擒拿动作的锁喉、拿穴、反锁关节，都避开了实际应用的要害部位和角度；击打目标面部时，应确定在面前寸许的空间部位等。而对这些转移后的目标，要当成真正的目标来攻击，既准又狠，才使得对练的攻防表现得真实凶狠、以假乱真。通过系统的训练，练出高水平的控制能力和击打的准确性、稳定性，以及动作快速劲整的功夫，展现"假中见真"的技能，充分体现对练动作的真实性。武术中的对练套路，它不是真打实摔，而是根据技击动作的特点、规则要求，在特定时间、空间内所组成的假设性实战演练。演练者唯有通过合理的攻防、默契的配合、富有节奏的演练，才能从假设性实践中领略到技击的真谛，得到逼真感的享受。所以说，对练套路中有真有假，真真假假合二为一。高水平的对练表演让人真假难辨，甚至达到以假乱真的效果。老一辈的武术家们正是带着这样的高标准严要求不断训练、表演及创新，使具有成体特色的对练套路深深地印在了当时热切观看武术表演的观众心中，历久弥新。

（三）朴刀进枪与盾牌刀对棍对练项目对四川武术发展的贡献

到 20 世纪 80 年代前后，四川省武术队成立。邹德发、叶道清、邓昌立等部分教学经验丰富的武术教师将武术对练项目引入四川队训练表演中，培养出任刚、熊长贵等大批优秀运动员，他们先后参加我国第 3~5 届全运会，获得对练冠军、全能第四名的好成绩。在退队成为教练员开始执教生涯后，仍然重视对练项目，并多次在比赛中斩获奖牌，捷报频传。1987 年第 6 届全运会上王萍、宋丽、李小红获女子对练冠军；1997 年第 8 届全运会上刘艳艳、黄怡、张富玉获女子对练第三名，何亚西、余波、张晋获男子对练第三名；2001 年第 9 届全运会上唐康民获得对练第二名，周竞、谢详刚获男子对练第四名，周竞、赵超获男子对练第六名。

众所周知，对练套路在表演和演练形式上包括徒手对练、器械对练、徒手与器械对练等多种形式。其中最引人入胜的对练应属器械对练这一类。器械对练是一种以器械的劈、砍、击、刺等技击方法组成的对练套路，主要有长器械对练、短器械对练、长与短器械对练、单与双对练、单与软对练、双与软对练等多种形式。两人器

一、朴刀进枪与盾牌刀对棍的源流

械对练在演练时注意表现不同器械的风格特色。练刀时呈现刚毅、勇猛彪悍的特点，练枪时显现刚中含柔、轻快潇洒的风格。正如郑怀贤老师的拳谚所述"练为用，不为看"，"以艺练功，事半功倍，以功促艺，功深艺精，功艺结合，成功之道"。成都体育学院的朴刀进枪与盾牌刀对棍器械对练套路，在秉持郑怀贤老师严谨而宽宏的武学思想下日趋完善，始终保持全国领先的水平，长期活跃在武术练习者的视线中，多次在全国各类武术比赛中获得优秀成绩。更有部分优秀的对练套路分别被北京队、西安队吸收并发扬，在全国上下形成一股"对练学四川"的浪潮。在此期间，由国家组成的武术代表团，多次出国访问表演。在表演中，对练起到了举足轻重的作用。

走出去的四川对练在演练中更显动作逼真、攻防紧凑、配合默契、技艺高超，内容创新，为武术徒手对练和器械对练新的发展提供了坚实基础。

（四）习练朴刀进枪与盾牌刀对棍的健身意义

朴刀进枪与盾牌刀对棍作为郑怀贤教授创编的对练套路，除了独具的郑氏武术风格引人入胜以外，长期习练还能达到显著的健身效果，它是一项要求全身上下、内外协调一致的运动。一般情况下，随着年龄的增长，肌纤维的体积和数量都会减少，动作的灵活性、协调性及动作速度都会下降。而长期练习此类对练套路，不仅能够充分调动全身肌肉参与运动、提高关节的灵活性，而且能够增强肌肉的弹性、伸展性、柔韧性，使关节活动的幅度加大，韧带拉长，使骨骼系统中骨松质有序化，提高骨的密度。

对练套路在锻炼人体骨骼、肌肉与关节的功能上有其独特的方法，包括动态和静态的方法。例如：通过朴刀进枪练习，因朴刀技术中包含了劈、斩、撩、挪等各种刀法，其刀法中的劲力、技术要

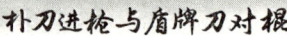

求可以使肌肉、骨骼与关节得到很好的锻炼从而起到保健作用。盾牌刀对棍套路中盾牌刀器械的练习可以起到抻筋拔骨的作用，不仅能增强各关节的灵活性，而且增加了负重骨的骨质量，使骨骼变得粗壮。长期进行朴刀进枪与盾牌刀对棍的锻炼能使肌肉富有弹性、收缩能力增强、肌肉变得匀称丰满，同时，肌肉的牵拉作用使骨的抗压、抗弯、抗折、抗扭的能力得到增强，骨的形态结构和性能都向良好的方向发展。除此之外，还能有效地防止和治疗骨质疏松症。

二、朴刀进枪与盾牌刀对棍的风格特点

本书对练套路是由郑怀贤教授在继承我国武术传统对练项目基础上所创编的朴刀进枪与盾牌刀对棍，其共同特点是配合默契、意识逼真、攻防合理。朴刀进枪：拿刀的一方需要掌握好最主要的进攻动作，如用抹、扫、劈、撩、砍、架、抡、挂等刀法进攻，充分表现出刀如猛虎下山、威武彪悍、锐不可挡之势；拿枪的一方需枪之利在尖，枪以扎为主，扎枪多在半马步蹬转至弓步等步行中变换，其枪法包括上平枪、下平枪、低平枪、反把上扎枪、反把下扎枪等。盾牌刀对棍：拿盾牌刀的一方需要掌握好左防右攻的技术特点；而拿棍的一方需要掌握好扫、抡、点、劈等棍法，要突出刀棍动作的勇猛、惊险和两者严密配合的运动特点。

（一）朴刀进枪对练的风格特点

1. 刀法多变，快速勇猛

朴刀进枪对练套路中以朴刀法的多变、快速勇猛见长。朴刀的应用主要体现在十四个字，即劈、斩、撩、搠、翻、扫、抹、云、截、挑、剁、横、捣、拐。朴刀作为形制较长的器械，在对练中不仅蕴含了刀法的快速勇猛，而且更有长器械所具备的把法灵活。如：劈，以朴刀之刀口自上向下挥落为劈，劲力脆、沉、长、利落；斩，以朴刀锋刃自上向下直向落击为斩，劲力深沉、动作迅捷、冷脆之势不可挡；撩，以刀刃自下向前上、侧上提杀为撩，劲力无前、无制，凡遇皆杀；搠，以朴刀尖锋向前或立刃、或平刃、或翻刃冲扎为搠刺，劲力迅捷、动作连贯，随步而发，步到刀尖即到。讲究足扎实地，身转如轴，迅快中正，转而即上，捣挑拐扫，粘化杀制。因而，朴刀进枪对练在风格上突出朴刀之刀法多变、快速勇猛。

2. 枪似闪电，攻中有防

对练套路中枪法突出前管后锁，实现攻中有防。即握于枪身中段的前手，要像"管"一样套住枪身不使脱落，又能保证枪杆在其中自由出入，并且还能灵活自如地控制枪的运动路线及运动方向，即所谓"前手如管"。"后手如锁"，即后手握于枪把根部要像"锁"一样牢固地握住枪把，推动枪身运动，不仅能灵活地运转枪把、变化枪梢的位置，而且能使腰部力量传达于枪尖。

同时枪扎一条线，似闪电直指对方要害。枪法注重直扎，以扎发挥枪尖的技击功效，直扎远取发挥枪的优势和特长。扎枪时力达枪尖，爆发寸劲，同时，要求出枪快、准、狠，即出枪快，路线短，有力量，去如箭，来如线。用力时要柔、快且有加速，力点准确清晰，使得枪作为进攻武器时，能够准确对抗朴刀之勇猛的刀法。

整个对练套路结构严谨，布局合理，路线流畅，招式威猛。形成了动作舒展、快速迅猛、气势磅礴的风格特点。

（二）盾牌刀对棍对练的风格特点

1. 突出刀攻盾防

在盾牌刀对棍练习中，盾牌要突出防守的特点，刀要突出动势尚猛进攻的特点，盾牌刀作为攻防兼备的器械，在对练套路中必须

二、朴刀进枪与盾牌刀对棍的风格特点

协调好刀的进攻作用和盾牌的防守作用。

刀法快捷，诡秘莫测，有虚有实，有刚有柔，有奇有正，变化多端。人们在实践中总结出的经验有"刀走黑"之说，是在阐明刀法的诡秘性。程宗猷《单刀法选》讲道："其用法，左右跳跃，奇诈诡秘，人莫能测，故长技每每常败于刀。"说明刀术不仅尚猛，而且刀法快捷。

变化多端也是其技法特点之一。以劈、砍、斩、削、扫等为主要内容的刀法，其用法上多以腰助力，加大攻击力度，身法活便，以便发挥其刀如猛虎的动势，同时，还能以身法的闪展腾挪、俯仰扭转加大动势的幅度，所以，拳谚有语"其用法，惟以身法为要"。单刀属短兵，发挥短兵长用的作用，不仅要求身法的灵活快捷，而且步法前后、左右迅疾移动的配合也是关键。

盾牌作为防守器械，在对练中突出与刀的配合。在攻防意识的表现中，不能仅体现单纯的劈砍势的刀法，更应该强调用盾牌进行巧妙灵活的防守反击，使盾牌与刀相互交映，攻中有防、防中有攻、攻防交替互用。

2. 强调棍把灵活

棍在盾牌刀对棍对练中突出的技法特点是换把变招。棍的形制特点一般是把粗、梢细，因而形成了"棍械浑身藏法"的特点。棍也可按照长枪技法中的拦、拿、扎、点、崩、穿、戳和穿梭等枪法运使；也可按照棒的技法，完成大劈、大抡、大扫等各种棒动作。但以枪、棒兼用的棍术，在运动结构上往往不如梢、把兼用的棍术密集紧凑。所以，两者相融，是棍术技法特点的具体表现之一。强调棍在对练中的特点，或攻或防之中都有棍的把法变换，使对方眼花缭乱，更加突显盾牌刀对棍对练套路的精彩绝伦。

三、朴刀进枪与盾牌刀对棍的演练要求

（一）按照不同器械技击方法进行器械对练

不同器械演练的技击方法各异，如刀的主要动作方法是劈、砍、撩、挂、扎等，而棍的主要动作是扫、抡、点、劈，枪的主要动作方法是拦、拿、扎、劈、绞、穿等。由于器械方法的不同，攻防的技击动作也有所不同，在对练时，要根据攻防双方的实际情况，合理灵活地采用各种不同作用与效果的器械方法，远打、近打、贴身打，发挥"长一寸，强一寸"的器械优势，应敌打法，以静制动，以柔克刚。练朴刀进枪时，要勇猛剽悍、气势如虹；练盾牌刀对棍时，则要快速紧凑、气势逼人。

（二）配合默契，意识逼真

在演练器械对练时，常能看见一些练习者配合默契，动作逼真，而有些却显得松散、不紧凑。究其原因，往往是由于演练者在对对练技击方法的理解上有些差异，对攻防中的距离感和时间差认识不够。例如：在做盾牌刀对棍中的进攻扫头动作时，高水平的演练者能把棍身贴着对方的头部和背部进行扫抡，动作逼真又无危险；而松散的对练，演练者在做同样的扫头动作时两人间的距离较

三、朴刀进枪与盾牌刀对棍的演练要求

远,对方即使不低头,棍也打不到他,这样的距离根本谈不上动作紧凑。造成不紧凑的直接原因就是两人没有默契感,总怕对方伤到自己,导致动作的距离感不好。另一原因就是时间差的问题,例如朴刀进枪时,设定演练朴刀的为甲方,而演练枪的为乙方,那么当甲在做抹头动作时,乙应快速低头,配合躲闪,使对练攻防意识逼真;但有时常会出现甲正要做抹头动作时,乙却不能近距离低头俯身躲闪,而是远距离把头抬起来,这说明两人平时练得不够,配合不好,没有掌握对练的动作时间差和进攻与防守的时机,配合不默契。

(三)身械协调

在日常学练中,经常可以看到有些单练者在演练器械动作时,器械会碰伤自己,这是身械不协调的表现。在两人对练时,也会出现运使的器械误伤自己或同伴,这也是身械不协调的表现。因此,学练者必须掌握好器械的运动规律和正确的运使方法,做到身械协调,这样才能逐步提高演练水平。

对练中,长器械的运动路线一般是横平、竖直,械杆在平行于地面的水平面上运动为横平,如平抡、云、扫等走平圆的动作;在身法和步法的配合下,使械杆贴近身体垂直于地面的矢状面上运动为竖直,如劈、撩、舞花等走立圆的动作。如果步法、身法与长器械方法不能协调配合,尤其是腰部僵硬、手腕不灵活、械杆做不到横平竖直,就会导致器械碰身、劲力不顺畅,身械无法协调。所以,只有正确掌握器械运行路线与方法,随势转腰顺肩,手腕随势用力,才能使械身按照自己的意念准确地、劲力顺达地运使各种长器械。

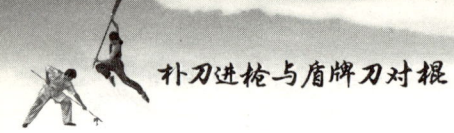

（四）攻防合理

对练虽然是两人或两人以上按照攻防格斗规律和预先编排好的套路所进行的假设性的徒手实战练习，但也必须根据对方的进攻方法来防守，只有对方进攻动作做出之后才可以进行防守还击，否则会无的放矢，破坏套路结构。

武术对练套路是假设性的进攻、防守和还击，不是真砍实杀，这一点在器械对练中是非常重要的。如持枪者既要使枪扎得惊险逼真，又要保证对方不受伤害，这就要准确地掌握枪扎出后的方位。例如：上扎枪这个动作，就要扎对方的面侧、颈侧或耳际，切不可照直扎对方的面部或咽喉；又如中平扎枪，不能扎对方的腹部，而是扎对方两腋下或左右肋侧；再如，对练中刀的抹头动作，既要表现出刀勇猛快速的特点，又要注意刀法，当刀即将接近对方背部时，右前臂稍外旋，使刀刃向斜上微翘起，随即用刀背沿着对方背部快速画弧下劈，这样既惊险又安全。

（五）把法熟顺

把法是用棍械进行攻防的一种技术方法，一般包括把位、持握法、换把法和把击法，统称为把法。把位，指棍的持握部位，如前把、后把等。持握法，指握棍的方法，如满把、半把、阴阳把等。换把法，指变换握棍的位置，即由左手握改变为右手握的方法，如滑把等。把击法，指使用棍的把段或把端进行攻防的方法，如挑把、绞把、戳把等。

学练者必须熟练地掌握各种把法及其变化，并能正确灵活地运用，使把法熟顺，变化多样。

三、朴刀进枪与盾牌刀对棍的演练要求

(六) 力点准确

学练者要学会并掌握每一种器械方法的攻防路线、发力方法和劲力所达点。例如：劈棍这种进攻性棍法，前手握棍身中段将棍梢上举后摆，后手握棍把随之上抬；随即后手下拉，前手活把向前推压，使棍身前段由上向下猛力劈出，力达棍前段，劈棍时力由腰发。

四、朴刀进枪套路解析

（一）基本技法和动作

1. 基本技法

①持枪：右手握于枪把，虎口朝下，左手握于枪身，双手持枪于体前。（图4-1-1—图4-1-3）

图4-1-1

图4-1-2

图4-1-3

要点: 右手不能留把,左手不能紧握于枪身。

②持刀:左手握刀于刀把,右手握刀身顶端。(图 4-1-4、图 4-1-5)

图 4-1-4

图 4-1-5

要点: 双手灵活握刀,力量不能太重。

2. 基本动作

①上扎枪:双腿弯曲成四六步,身体前倾。右手握枪末端向后收枪,左臂伸直,左手握枪前段(图 4-1-6)。重心前移,马步变弓步。右手握枪向斜上扎出,左手手型不变。目视枪尖。(图 4-1-7)

图 4-1-6

图 4-1-7

要点：弓步后腿要蹬直，前腿脚尖朝前，上体微向前倾斜。枪扎一线，力达枪尖。

②下扎枪：双腿屈蹲成弓步，双手握枪收于身前。目视下方（图4-1-8）。步型不变，重心前移。右手握枪向斜下扎出，左手手型不变。目视枪尖。（图4-1-9）

图4-1-8

图4-1-9

要点：弓步后腿蹬直，枪扎一线，力点明确，扎枪时上体稍抬起。

③平扎枪：双腿弯曲成半马步，上体正直。右手握枪把段向后收枪，左臂伸直，左手握枪前段（图4-1-10）。重心前移，上体前倾，成左弓步。右手握枪向前方扎出，左手手型不变。目视枪尖。（图4-1-11）

要点：枪身须直线扎出，力达枪尖，爆发寸劲，同时要快、狠、准。

四、朴刀进枪套路解析

图4-1-10

图4-1-11

④盖把：双脚并步站立，双手握枪，身体直立。目视前方（图4-1-12）。右脚向左前迈步，身体左转90°，重心移至右脚。右手收枪于腋下，左手按握枪前段。目视枪尖（图4-1-13）。随即身体微前倾，左脚向前上步，左腿屈膝成左弓步。右手握枪由右经上向左下方划弧盖把，左手收枪于左腰前。目视前方。（图4-1-14）

图4-1-12

图 4-1-13

图 4-1-14

要点：双手握枪，以腰带臂由上而下用力快猛，力达枪把。

⑤架挡：双脚并步站立，双手握枪，身体直立。目视前方（图 4-1-15）。身体左转 90°，左脚向左迈出，左腿弯曲成左弓步，右腿蹬直。双手握枪，由腰部举至头顶上，两臂伸直。目视前上方。（图 4-1-16）

图 4-1-15

四、朴刀进枪套路解析

图 4-1-16

要点：枪杆要平，双手手心向上，用力要大，两臂伸直。

⑥前扑倒：左脚向左迈出，左腿弯曲成左弓步，右腿蹬直。双手握枪，由腰部举至头顶上，两臂伸直。目视前方（图 4-1-17）。随即身体绷直前倒，两腿并紧，腰部顶起。双手握枪扣地。目视下方。（图 4-1-18）

图 4-1-17

图 4-1-18

要点：扑倒时，身体绷紧收腹、收下颌，两臂屈肘，前臂撑地缓冲。

⑦舞花：双脚右前左后站立，重心移至右脚，左脚跟抬起。双手握枪，左手在上、右手在下，双臂伸直，枪身与地面垂直，枪尖朝上。目视前方（图4-1-19）。步型不变，身体微右转。双手握枪，枪尖由上经右后下方再向前上方立圆舞花，枪杆贴近身体，眼随枪尖移动。（图4-1-20—图4-1-22）

上动不停，步型不变，身体微左转。双手握枪使枪尖从上经左后下方再向前上方立圆舞花，枪杆贴近身体。眼随枪尖移动。（图4-1-23）

图4-1-19

图4-1-20

四、朴刀进枪套路解析

图 4-1-21

图 4-1-22　　　　　图 4-1-23

要点：双手活把握枪，枪要贴近身体，立圆绕行，速度要快，动作连贯。

23

⑧扫把：双脚并步站立，双手握枪，身体直立。目视前方（图4-1-24）。右脚向左前方迈步，身体左转90°，重心移至右脚。右手收枪于腋下，左手按枪前段。目视枪尖。（图4-1-25）

接上势，左脚向前迈步，两腿屈膝下蹲成跪步。右手由右向左下方划弧横扫，左手收枪于左胸前。目视枪把。（图4-1-26）

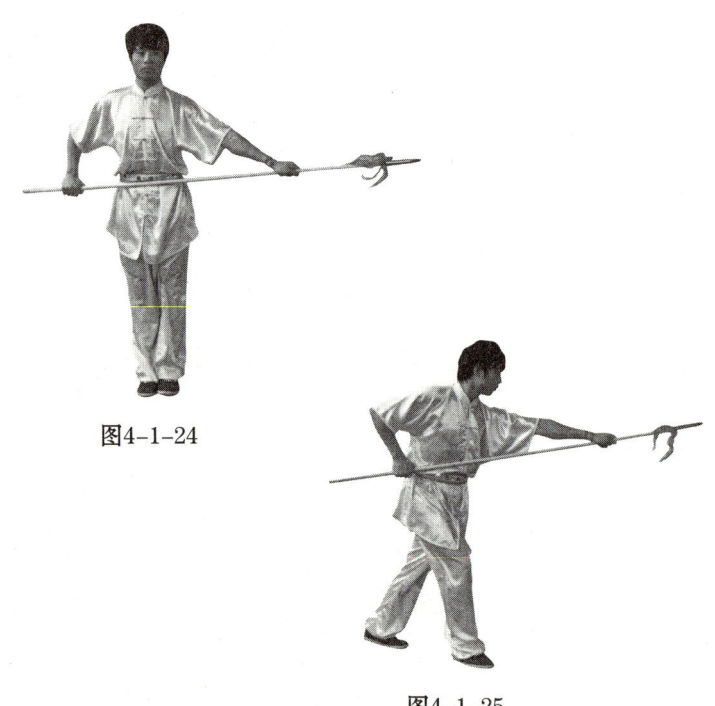

图4-1-24

图4-1-25

图4-1-26

要点：横向扫把，用力短促，力达枪把段。

⑨上拨刀格挡：右腿前屈成右弓步，左腿蹬直，重心落于两腿之间。右手握刀在头顶上，由左向右或由右向左拨刀格挡，左手握刀柄末端收于腰间。目视刀尖。（图4-1-27、图4-1-28）

要点：力从腰发，动作快速有力，力达刀刃。

图4-1-27

图4-1-28

⑩下拨刀格挡：右腿前屈成右弓步，左腿蹬直，重心落于两腿之间（或右腿在前，右脚尖点地，后腿站直，重心于两腿之间）。右手握刀于斜下方，由右向左拨刀格挡，左手握刀柄段收于腰间。目视刀尖。（图4-1-29、图4-1-30）

要点：同上拨刀格挡。

图4-1-29

图4-1-30

⑪刀柄格挡：双腿分开弯曲成高马步。双手握刀柄由内向外格挡，刀尖向下。目视前方。（图4-1-31）

要点：刀柄竖举于胸前向外格挡，双手协调用力，动作快速。

图4-1-31

⑫扫挑刀：双腿分开弯曲，成马步拧身，重心偏于左腿。左手握刀柄末段，右手后拉刀身。（图4-1-32）

接上势，右腿膝部触地变跪步，上身前倾。右手握刀划弧线横扫至左前下方，刀刃朝左，左手握刀把置于腋下。目视刀尖。（图4-1-33）

接上势，步型不变，上身抬起。右手握刀划弧线向上挑刀，刀刃朝上，左手不变。目视刀尖。（图4-1-34）

要点：以腰带臂，以臂带刀，使刀刃在腰以下向左平扫，身械协调，快速迅猛，力达刀刃。挑刀时，右臂微外旋用力，刀刃向上，力达刀刃。

朴刀进枪与盾牌刀对棍

图 4-1-32

图 4-1-33

图 4-1-34

⑬劈刀：上左步，两腿分开，身体直立，双手握刀，高举至头顶，目视前方。（图 4-1-35）

接上势，左腿弯曲，右腿蹬直成左弓步，上身前倾。右手握刀由上方向前下方划弧下劈，左手握刀柄末段于腰间，刀刃向下。目视刀尖。（图 4-1-36）

要点：刀刃立直由上向下猛力劈出，力达刀刃。

四、朴刀进枪套路解析

图 4-1-35　　　　　图 4-1-36

⑭拍刀：右腿弯曲成高弓步，上身稍抬起。右手持刀高举至右上，左手握刀柄末段收于腰间，刀刃朝前。目视刀尖。（图4-1-37）

接上势，右手持刀由右上方向前下方划弧拍下，上身微前倾。目视刀尖。（图4-1-38）

图 4-1-37　　　　　图 4-1-38

要点：向下拍刀时右臂微外旋，左手握刀柄配合下拍后拉，力达刀刃。

⑮舞花：并腿站立，右手持刀至右上方，左手握刀置于腋下，身体直立。目视前方。（图4-1-39）

接上势，左脚后撤一小步，与肩同宽，身体微左转。右手持刀由上经左下向前上方立圆舞花，左手不变，刀刃向下。目视前方。（图4-1-40、图4-1-41）

上动不停，身体微右转。右手持刀由上经右下向前上方立圆舞花，左手不变。目视刀尖。（图4-1-42）

要点：刀在身体两侧近身立圆绕行，动作快速连贯，可在原地或行进间进行。

图4-1-39

图4-1-40

四、朴刀进枪套路解析

图 4-1-41

图 4-1-42

⑯撩花：并腿站立，右手持刀至右上方，左手握刀柄置于腋下，身体直立。目视前方。（图 4-1-43）

接上势，左脚后撤，双腿屈膝成右弓步。右手持刀外旋由上经右下向前、向上撩出，刀刃向上，左手不变。目视刀刃。（图 4-1-44）

接上势，步型收起，与肩同宽，身体左转。右手持刀内旋由上经左下向前、向上反撩，左手不变。目视刀尖。（图 4-1-45、图 4-1-46）

要点：刀在身体两侧近身立圆绕行，动作快速连贯，力达刀刃，可在原地或行进间进行。

图 4-1-43

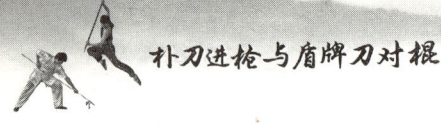

图 4-1-44　　　　　图 4-1-45

图 4-1-46

⑰提膝撩刀：并腿站立，右手持刀至右上方，左手握刀置于右腰间，身体直立。目视前方。（图 4-1-47）

接上势，右脚向前迈步，身体重心前移。右手持刀外旋由上经后下方向前上方划弧撩出，刀刃斜向左上方；左手握刀柄顺势收于左腰间。同时，右腿顺势伸直，左腿提膝，身体微右倾。眼随刀

走。（图 4-1-48、图 4-1-49）

图 4-1-47　　　　　图 4-1-48　　　　　图 4-1-49

要点：刀贴近身体右侧、刀刃领先向左上方撩击，左手自然配合向下拉至左腰间，力达刀刃。

（二）组合动作

注：甲为持枪者；乙为持刀者。

1. 甲击步扎枪，乙后撤步格挡

①甲右弓步双手握枪于身前，乙右弓步，右手持刀于右上方，左掌前推。甲乙目视对方。（图 4-2-1）

②甲左脚退步，双腿弯曲站立，双手握枪不变，伺机进攻。乙左脚向右前方上步，重心移于左脚，双腿微屈站立；右手持刀向前下落，左手握于刀柄。甲乙目视对方。（图4-2-2）

图4-2-1

图4-2-2

③甲击步向乙头部扎枪。乙上右脚提左膝，双手握刀向上格挡。随即甲重心向前移动，左脚向前上步成左弓步下扎枪。乙重

心下降，左脚向后落地成右弓步；双手握刀向前下方格挡。（图4-2-3、图4-2-4）

要点：扎枪准确，格挡及时，配合默契。

图 4-2-3

图 4-2-4

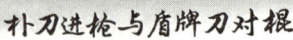
朴刀进枪与盾牌刀对棍

2. 甲连续扎枪，乙格挡满头

①甲弓步双手握枪连续向乙腿部扎枪三次。乙重心左移成左弓步，双手握刀用刀身向前下方格挡；随即双手握刀由右下方向左上方划圆用刀柄格挡；双手握刀继续由右上方向左下方划圆格挡。（图4-2-5—图4-2-7）

图 4-2-5

图 4-2-6

四、朴刀进枪套路解析

图 4-2-7

②甲重心上升,双脚不动,双手握枪向乙头部扎枪。乙重心右移成右弓步,双手握刀向右上方格挡。(图 4-2-8)

图 4-2-8

③接上势，乙重心不变，双手握刀由上方向前下方、向乙头背部劈刀。甲下肢动作不变；双手握枪于身前收回，低头向前俯身闪躲。（图4-2-9、图4-2-10）

图4-2-9

图4-2-10

要点：扎枪连贯、清晰、逼真，力点准确。乙向下方满头劈刀，右手握刀须外旋，使刀刃稍向上紧贴甲头背劈出，以免对方受伤，并注意两人之间的距离要适当。

3. 甲击步扎枪格挡前扑倒，乙转身跳跃格挡正踢

①两人持械自然站立，甲撤右脚成左弓步，身体左转；双手握

枪向乙右上方扎枪。乙撤左脚成右弓步，身体右转；双手握刀向右上方格挡。（图 4-2-11、图 4-2-12）

图 4-2-11

图 4-2-12

朴刀进枪与盾牌刀对棍

②甲重心前移击步向乙腿部扎枪。乙起身重心左移，右脚上步，身体左后转起跳，双手握刀由下向上抡起，随转身跳跃向右下方格挡，两脚落地成马步。（图4-2-13—图4-2-15）

图 4-2-13

图 4-2-14

四、朴刀进枪套路解析

图 4-2-15

③接上势,甲击步后成左弓步,双手握枪向乙头部右侧扎枪。乙重心右移,成右弓步,双手握刀向右上方格挡。随即乙起身重心向上,右脚震地,左脚向前上步成左弓步;双手握刀由上向下、向甲头部砍出。甲重心先右移,左腿提膝,然后重心下降,左脚下落,右脚后退一步成左弓步;双手握枪由身前向上推出格挡。甲乙互视对方。(图4-2-16—图4-2-18)

图 4-2-16

41

朴刀进枪与盾牌刀对棍

图 4-2-17

图 4-2-18

④接上势，乙右腿屈膝提起向正前方甲胸部蹬出，然后右脚后落成半马步；双手握刀收回于身前。甲胸部被蹬击后，两脚后移失重，身体向前倾倒；双前臂外侧着地，右手握枪，身体悬空收腹。（图 4-2-19、图 4-2-20）

四、朴刀进枪套路解析

图 4-2-19

图 4-2-20

要点：配合默契，动作连贯、清晰、逼真。乙在蹬甲胸部时脚掌要先紧贴甲胸，然后再用力蹬，以免同伴受伤。甲扎枪连续、部位明确；在前扑倒地时要收腹，必须由两前臂外侧着地支撑。演练时还要注意两人之间的距离要适当。

（三）朴刀进枪套路动作名称

预备势

第一段

第 一 式　甲左弓步上扎枪　乙右弓步上格挡
第 二 式　甲左弓步下扎枪低头　乙右弓步劈刀
第 三 式　甲左弓步上扎枪　乙右弓步上格挡
第 四 式　甲提膝点枪左弓步躲闪　乙右弓步扫、削刀
第 五 式　甲转身舞花提膝崩枪　乙转身舞花举刀
第 六 式　甲击步右上扎枪　乙起身左上格挡
第 七 式　甲左弓步左上扎枪　乙右弓步右上格挡
第 八 式　甲左弓步左下扎枪　乙站立右下格挡
第 九 式　甲左弓步右卜扎枪　乙左弓步左下格挡
第 十 式　甲左弓步右下扎枪　乙左弓步左下挂柄格挡
第十一式　甲左弓步右下扎枪　乙左弓步左下劈刀格挡
第十二式　甲左弓步左上扎枪　乙右弓步右上格挡
第十三式　甲进步下扎枪　乙转身跳跃下格挡
第十四式　甲左弓步左上扎枪　乙右弓步右上格挡
第十五式　乙上步左弓步下劈刀　甲退步左弓步上格挡
第十六式　乙起身正蹬腿　甲正面前摔
第十七式　甲起转身舞花弓步崩枪　乙转身舞花弓步提刀

第二段

第十八式　甲起身击步左扎枪　乙起身跳步提膝左格挡
第十九式　甲左弓步左下扎枪　乙右弓步右下格挡

四、朴刀进枪套路解析

第 二 十 式　　甲左弓步右下扎枪　　乙起身右下格挡

第二十一式　　甲左弓步右下扎枪　　乙左弓步右下格挡

第二十二式　　甲左弓步右下扎枪　　乙左弓步右下挂柄格挡

第二十三式　　甲左弓步右下扎枪　　乙起身右下格挡

第二十四式　　甲左弓步左上扎枪　　乙右弓步右上格挡

第二十五式　　甲进步右下扎枪　　乙左转身跳跃右下格挡

第二十六式　　甲左弓步左上扎枪　　乙右弓步右上格挡

第二十七式　　甲退步平扎枪　　乙进步立刀格挡

第二十八式　　甲左弓步右上扎枪　　乙左弓步左上挂柄格挡

第二十九式　　甲弓步平扎枪　　乙右弓步立刀格挡

第 三 十 式　　甲左弓步左上扎枪　　乙右弓步右上格挡

第三十一式　　甲退步平扎枪　　乙跟步立刀格挡

第三十二式　　甲退步右上扎枪　　乙上步左上挂柄格挡

第三十三式　　甲转身提枪旋子　　乙转身背刀旋子

第三十四式　　甲上步右上扎枪　　乙上步转身右弓步格挡

第三十五式　　甲左弓步扎枪　　乙右弓步格挡

第三十六式　　甲向前收腿跳盖把　　乙右跪步横扫刀

第三十七式　　甲上步左转舞花枪弓步崩枪　　乙右转身左弓步斜举刀

第三十八式　　甲起身击步左弓步右下扎枪　　乙起身盖步右弓步右下格挡

第三十九式　　甲左弓步下扎枪　　乙半马步右下格挡

第 四 十 式　　甲左弓步右下扎枪　　乙左弓步右下格挡

第三段

第四十一式　　甲左弓步左上扎枪　　乙右弓步右上格挡

第四十二式　　甲上步下扎枪　　乙左转翻身跳半马步下截刀

第四十三式　甲左弓步扎枪低头　乙右弓步格挡劈刀
第四十四式　甲左弓步右上扎枪　乙右弓步右上格挡
第四十五式　甲左弓步扎枪低头　乙右弓步劈刀
第四十六式　甲左弓步左上扎枪　乙右弓步右上格挡
第四十七式　甲左弓步扎枪　乙左弓步上举刀架枪
第四十八式　甲提膝点枪弓步扎枪　乙弓步下扫刀格挡
第四十九式　甲左弓步扎枪低头　乙右弓步下劈刀
第 五 十 式　甲左弓步左上扎枪　乙右弓步右上格挡
第五十一式　甲左弓步扎枪　乙左弓步上举刀架枪
第五十二式　甲提膝点枪弓步扎枪　乙弓步扫刀格挡
第五十三式　甲左弓步抱枪低头　乙右弓步下劈刀
第五十四式　甲左弓步左上扎枪　乙右弓步右上格挡
第五十五式　甲收腿跳盖把提膝　乙跪步横扫刀
第五十六式　甲上步左转右上扎枪　乙左转挂柄劈刀
第五十七式　甲左弓步左上扎枪低头　乙右弓步右上格挡劈刀
第五十八式　甲左弓步左上扎枪低头　乙右弓步右上格挡劈刀
第五十九式　甲左弓步左上扎枪低头　乙右弓步右上格挡劈刀
第 六 十 式　甲左弓步左上扎枪转身倒地　乙右弓步右上格挡跪步横扫提刀

收势　甲起身收势　乙起身收势

（四）朴刀进枪套路动作图解

注：甲为持枪者；乙为持刀者。

预备势

甲乙两人自然站立，右手持器械于右胸前，左手自然下垂于左

腿侧，挺胸收腹，目视前方。两人之间距离约为1米。（图4-4-1）

要点：甲乙双方的器械保持直立，两人距离适宜。

图4-4-1

第一段

第一式　甲左弓步上扎枪　乙右弓步上格挡

接上势，甲右脚向右侧跨出一步，身体左转成左弓步；双手握枪向乙的右上侧刺出，右手握于枪把，左手握于枪身。乙左脚向左侧跨出一步，身体右转成右弓步；双手握刀向右上方格挡，左手握于刀柄段，右手握于刀柄上段靠近护手盘。两人距离约1米。（图4-4-2）

图 4-4-2

要点：甲扎枪需略偏乙右侧，乙格挡时先向左回带后再向右上方格挡，两人距离适宜。

第二式　甲左弓步下扎枪低头　乙右弓步劈刀

接上势，甲两脚不动，上身向前俯扎枪低头；双手握枪位于身前。乙两脚不动，上身自然向前倾斜；双手握刀顺势向前斜下方劈出，刀身贴于甲的背部，随即刀身顺势下落。两人距离约为1米。（图4-4-3、图4-4-4）

图 4-4-3

图 4-4-4

要点：甲扎枪低头时迅速，眼向下看。乙劈刀臂要外旋，用刀背劈甲的肩背部。劈刀与低头闪躲协调一致，整个动作迅速、勇猛、逼真。

第三式　甲左弓步上扎枪　乙右弓步上格挡

接上势，甲右脚向右侧跨出一步，身体左转成左弓步；双手握枪向乙的右上侧扎枪，右手握于枪把，左手握于枪身。乙左脚向左侧跨出一步，身体右转成右弓步；双手握刀向右上方格挡，左手握于刀柄段，右手握于刀柄上段靠近护手盘。两人距离约1米。（图4-4-5）

图 4-4-5

要点：甲扎枪要略偏乙右侧，乙要及时向上格挡，两人距离适宜。

第四式　甲提膝点枪左弓步躲闪　乙右弓步扫、削刀

接上势，甲提左膝，重心向后移于右脚，身体前倾；双手握枪向乙背部点枪。乙右弓步不变，身体微向前倾；双手握刀由上向下、向甲左腿平扫。随即甲左脚向前落步，身体前俯，低头下视；双手握枪收回胸前。乙起身，刀由上向下削甲背部，刀身顺势向前下方落。两人间距约为1米。（图4-4-6—图4-4-8）

图4-4-6

图4-4-7

图 4-4-8

要点：甲提膝点枪要稳、准、快，提膝要高，闪躲及时。乙扫、削刀动作路线要大，刀刃向前，力点明确，刀法清晰。

第五式　甲转身舞花提膝崩枪　乙转身舞花举刀

①接上势，甲身体站立，双手顺势滑于枪身，由左向右转身站立，重心移于右脚；随即右转身舞花，双手握于枪身，枪尖由上到下从左画圆。乙向右后转身站立，重心移于右脚；随即右转身舞花，刀尖由上向下画圆。（图4-4-9、图4-4-10）

图 4-4-9

51

图 4-4-10

②上动不停，甲上左脚继续右转身舞花，双手握于枪身。乙上左脚继续右转身舞花刀至两人面部相对。甲乙互视。（图 4-4-11、图 4-4-12）

图 4-4-11

四、朴刀进枪套路解析

图 4-4-12

③上动不停,甲提左膝崩枪,上体微前倾。乙右跨步成右弓步,双手举刀于身体右侧。甲乙互视。(图 4-4-13)

要点:甲乙双方撤步距离要适当,动作一致,精神饱满,撤步与立舞花协调。

图 4-4-13

第六式　甲击步右上扎枪　乙起身左上格挡

接上势，甲左脚下落直线击步接近乙，乙起身开刀迎接。随即甲向乙的右上方扎枪，乙起身挥刀左格挡。甲乙对视。（图4-4-14、图4-4-15）

图 4-4-14

图 4-4-15

要点：甲步法移动灵活，枪扎直线，力达枪尖。乙及时用刀身向左上方格挡，两人距离适宜。

第七式　甲左弓步左上扎枪　乙右弓步右上格挡

接上势，甲右脚向右侧跨出一步，身体左转成左弓步；双手握枪向乙的右上方扎枪，右手握于枪把，左手握于枪身。乙左脚向左侧跨出一步，身体右转成右弓步；双手握刀向右上方格挡，左手握于刀柄段，右手握于刀柄上段靠近护手盘。两人距离约1米。（图4-4-16）

图4-4-16

要点：甲扎枪略偏乙右侧，乙格挡准确及时，两人距离适宜。

第八式　甲左弓步左下扎枪　乙站立右下格挡

接上势，甲下肢动作不变，双手握枪向左下方扎出；目视枪尖。乙起身微向前倾斜，双手握刀用刀刃于右侧向右后下方格挡；目视刀尖。（图4-4-17）

图4-4-17

要点：甲扎枪略偏乙的右腿外侧，乙格挡时双手握刀先向左、向下回带后向右下方格挡，两人距离适宜。

第九式　甲左弓步右下扎枪　乙左弓步左下格挡

接上势，甲下肢动作不变，双手握枪向乙的右下方扎枪；目视枪尖。乙双脚自然站立，身体微向左倾斜；双手握刀微内旋用刀背于右侧向右前下方格挡；目视刀尖。（图4-4-18）

四、朴刀进枪套路解析

图 4-4-18

要点：甲扎枪略偏乙右腿内侧，乙快速直接用刀背格挡，两人距离适宜。

第十式　甲左弓步右下扎枪　乙左弓步左下挂柄格挡

接上势，甲下肢动作不变，双手握枪向乙的右下方扎枪；目视枪尖。乙左弓步，身体微向左倾斜；双手握刀，刀柄向右下方挂柄格挡；目视刀柄段。（图 4-4-19）

图 4-4-19

要点：两人距离适宜，扎枪、挂柄协调，配合默契，动作快速有力。

第十一式　甲左弓步右下扎枪　乙左弓步左下劈刀格挡

接上势，甲下肢动作不变，双手握枪向乙的右下方扎枪；目视枪尖。乙身体起立微向左倾斜，重心移于左脚；双手握刀，使刀身由左上方向右下方劈出格挡；目视刀尖。（图4-4-20）

图4-4-20

要点：步法灵活，扎枪与劈刀闪躲整个动作协调一致，连贯完整。

第十二式　甲左弓步左上扎枪　乙右弓步右上格挡

接上势，甲右脚向右前方跨出一步，身体左转成左弓步；双手握枪向乙的右上方扎枪，右手握于枪把，左手握于枪身。乙左脚向左方跨出一步，身体右转成右弓步；双手握刀向右上方格挡，左手握于刀柄段，右手握于刀柄上段靠近护手盘。两人距离约 1 米。（图 4-4-21）

图 4-4-21

要点：甲扎枪略偏乙头部右上方，乙随之右转及时向右上方格挡，两人距离适宜。

第十三式　甲进步下扎枪　乙转身跳跃下格挡

①接上势，甲左弓步身体向前倾斜；双手握枪向乙的右下方扎枪；目视枪尖。乙起身左转，上右脚躲闪，身体微向前倾斜；双手握刀，双脚准备蹬地起跳。（图 4-4-22）

②上动不停，甲左弓步身体向前倾斜；双手握枪继续向乙的右下方扎枪；目视枪尖。乙蹬地起跳腾空；双手于空中举刀至右上方，随即两脚下落，两腿屈蹲成半马步；刀随腾空下落由上向下劈

朴刀进枪与盾牌刀对棍

刀格挡，刀尖至右脚前方，身体微下压；目视刀身。（图 4-4-23、图 4-4-24）

图 4-4-22

图 4-4-23

图 4-4-24

要点：甲上步迅速、沉稳，扎枪连贯准确。乙转身迅速，抡刀带动两腿用力蹬地起跳，上步躲闪及时，下劈刀力达刀刃，刀身不能触地。整个动作协调完整，双方动作一致，配合默契。

第十四式　甲左弓步左上扎枪　乙右弓步右上格挡

接上势，甲右脚向右侧跨出一步，身体左转成左弓步；双手握枪向乙的右上侧扎出，右手握于枪把段，左手握于枪身。乙左脚向左侧跨出一步，身体右转成右弓步；双手握刀向右上方格挡，左手握于刀柄段，右手握于刀柄上段靠近护手盘。两人距离约1米。（图4-4-25）

图4-4-25

要点：甲扎枪略偏乙右上方，乙格挡时稍回带后向上格挡，两人距离适宜。

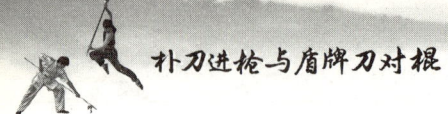

第十五式 乙上步左弓步下劈刀 甲退步左弓步上格挡

①接上势，甲退步提左膝拿枪；目视乙方。乙收左脚起身稍右转，双手举刀于头右上方；目视甲方。（图4-4-26）

②上动不停，乙左脚向前上步成左弓步，右脚跟微抬起；双手握刀向前下方劈击；目视甲方。甲左脚迅速落地，右脚向后退步成左弓步；双手举枪于头上方格挡；目视枪杆。（图4-4-27）

图4-4-26

图4-4-27

要点：甲上步劈刀和乙上步格挡协调一致，快速灵活。

第十六式　乙起身正蹬腿　甲正面前摔

接上势，乙起身右脚正蹬甲胸腹部，后顺势向右后方转身舞花刀站立提刀；目视甲方。甲被乙蹬于胸腹部的同时，双脚向后滑行并拢，身体重心向前倾斜，小腹微收；随即身体向后腾空，向前下方卧倒，双脚尖着地，小腹微收；双手握枪于胸前，两前臂外侧支撑于地面；目视下方。（图4-4-28—图4-4-30）

图 4-4-28

图 4-4-29

图 4-4-30

要点：乙蹬腿勇猛有力，蹬腿时右脚先贴紧甲胸腹部，然后再右腿快速蹬伸，以免伤及甲方。甲腾空要高，向前倒地身体绷直，两腿并紧，脚尖、前臂支撑身体。

第十七式　甲起转身舞花弓步崩枪　乙转身舞花弓步提刀

①接上势，甲双手撑地，双脚由后向前蹬地下蹲起身；右手握于枪身。乙右脚后撤，身体右转90°成右弓步；双手握刀由上向下、向后画圆于右侧。（图4-4-31）

图4-4-31

②上动不停，甲身体站立，左脚上步，身体向右后转270°；双手握于枪身，随转体在身体右侧立圆舞花；目视乙方。乙左脚向前上步，身体向右后方转270°；双手握刀随转体在身体右侧立圆舞花。（图4-4-32—图4-4-34）

四、朴刀进枪套路解析

图 4-4-32

图 4-4-33

图 4-4-34

朴刀进枪与盾牌刀对棍

③上动不停,甲身体继续右转90°,右脚向左脚并步,双脚站立;双手握枪于身前。乙起身叉步站立,双手握刀上举于右侧。随即甲右脚向右前方跨步成右弓步;双手握枪于胸前崩枪,身体微向前倾斜。乙右脚向右侧跨步成右弓步;右手举刀于右后上方提刀,左掌向前推出。(图4-4-35、图4-4-36)

图4-4-35

图4-4-36

要点： 甲乙双方撤步距离要适中，撤步和立舞花要协调，定势动作完整一致，精神饱满。

第二段

第十八式　甲起身击步左扎枪　乙起身跳步提膝左格挡

①接上势，甲起身，右左脚连续向前上步，双手握枪于身前。乙左脚向右前方上步，右脚离地向前、向上抬起；双手握刀下落于身右侧；随即刀刃由下向上、向右下舞花。（图4-4-37、图4-4-38）

图4-4-37

图4-4-38

②上动不停,甲击步向前,身体微向前倾斜;双手握枪向乙的右上方扎枪。乙左脚起跳,双手握刀由下向上挥刀;随即右脚落地站立,左腿提膝,同时向左上方挥刀格挡。(图4-4-39、图4-4-40)

图 4-4-39

图 4-4-40

要点：甲乙同时起身，协调一致，在甲进攻的同时，乙要做好防守的准备，腾空轻灵、挥刀准确。

第十九式　甲左弓步左下扎枪　乙右弓步右下格挡

接上势，甲双脚成左弓步，身体向前倾斜；双手握枪向左下方扎枪；目视枪尖。乙左脚下落成右弓步，身体微向前倾斜；双手握刀经左向右下方格挡；目视刀尖。（图4-4-41）

图4-4-41

要点：甲扎枪略偏乙右下方，乙格挡时需回带后再向下格挡，两人距离适宜。

第二十式　甲左弓步左下扎枪　乙起身右下格挡

接上势，甲下肢动作不变，双手握枪向左下方扎枪；目视枪尖。乙起身，身体微向前倾斜；双手握刀，背刀于右侧向右下方格挡；目视刀尖。（图4-4-42）

图 4-4-42

要点：甲扎枪略偏乙右下方，乙及时向下格挡，两人距离适宜。

第二十一式　甲左弓步右下扎枪　乙左弓步右下格挡

接上势，甲下肢动作不变，双手握枪向乙的右下方扎枪；目视枪尖。乙重心左移成左弓步，身体微向左倾斜；双手握刀，背刀于右侧向右下方格挡；目视刀尖。（图 4-4-43）

图 4-4-43

要点：甲扎枪略偏乙的右下方，乙应及时向下格挡，两人距离适宜。

第二十二式　甲左弓步右下扎枪　乙左弓步右下挂柄格挡

接上势，甲下肢动作不变，双手握枪向乙的右下方扎枪；目视枪尖。乙下肢动作不变，双手握刀，用刀柄向右下方挂柄格挡；目视刀尖。（图4-4-44）

图4-4-44

要点：两人距离适宜，扎枪、挂刀柄快速有力，协调一致。

第二十三式　甲左弓步右下扎枪　乙起身右下格挡

接上势，甲下肢动作不变，双手握枪向乙的右下方扎枪；目视枪尖。乙起身微左转向左倾斜，双手握刀，用刀刃向右下方格挡；目视刀尖。（图4-4-45）

图 4-4-45

要点：劈刀闪躲与扎枪协调一致，动作完整。

第二十四式　甲左弓步左上扎枪　乙右弓步右上格挡

接上势，甲右脚向右侧跨出一步，身体左转成左弓步；双手握枪向乙的右上方扎出，右手握枪把于腰间，左手握于枪身。乙左脚向左侧跨出一步，身体右转成右弓步；双手握刀向右上方格挡，左手握于刀柄段，右手握于刀柄靠近护手盘。两人距离约1米。（图4-4-46）

图 4-4-46

要点：甲扎枪要略偏乙右上方，乙格挡时先回带后向上格挡，两人距离适宜。

第二十五式　甲进步右下扎枪　乙左转身跳跃右下格挡

①接上势，甲左弓步，身体向前倾；双手握枪向乙的右下方扎枪；目视枪尖。乙起身左转，右脚向前上步准备跳跃；双手握刀由上向下劈刀格挡。（图 4-4-47、图 4-4-48）

图 4-4-47

图 4-4-48

朴刀进枪与盾牌刀对棍

②上动不停，甲下肢动作不变，双手握枪继续向乙的右下方扎枪；目视枪尖。乙双脚起跳，身体腾空左后转180°；双手握刀向右上方举刀，随即双脚落地成半马步，同时，刀由上向下劈击，身体微下压，使刀向下格挡于右脚前方。（图4-4-49、图4-4-50）

要点：甲扎枪协调一致，动作完整。乙格挡迅速，翻身跳轻快、灵活，刀尖不能触地。

图4-4-49

图4-4-50

第二十六式　甲左弓步左上扎枪　乙右弓步右上格挡

接上势，甲右脚向前上步，身体左转成左弓步；双手握枪向乙右上方扎枪，右手握枪把于腰间，左手握于枪身。乙左脚向前上步，身体右转成右弓步；双手握刀向右上方格挡，左手握于刀柄段，右手握于刀柄靠近护手盘。两人距离约1米。（图4-4-51）

图4-4-51

要点：甲扎枪略偏乙的右上方，乙格挡准确有力，两人距离适宜。

第二十七式　甲退步平扎枪　乙进步立刀格挡

接上势，甲左脚向后退步，双手握枪向前平扎枪。乙右脚进步，身体右转，重心向下，左脚略收回，两腿屈膝下蹲；双手握刀于体前，刀柄格挡。（图4-4-52）

图 4-4-52

要点：甲退步迅速，扎枪准确，快速有力。乙进步格挡有力，持刀于体前，两人距离适宜。

第二十八式　甲左弓步右上扎枪　乙左弓步左上挂柄格挡

接上势，甲右脚退步成左弓步，向乙的右上方扎枪。乙左脚上步成左弓步，刀柄经下向左上方挂柄格挡。（图 4-4-53）

图 4-4-53

要点：甲退步迅速，出枪快、准。乙上步格挡有力，握刀于体前，两人距离适宜。

第二十九式　甲弓步平扎枪　乙右弓步立刀格挡

接上势，甲两脚原地不动，左弓步不变，双手握枪向乙的右前平扎枪。乙右脚向前上步成右弓步，身体向左转；双手握刀于体前格挡，刀尖向下。（图4-4-54）

图4-4-54

要点：甲扎枪快、准。乙上步转身快速，格挡有力，握刀于体前，两人距离适宜。

第三十式　甲左弓步左上扎枪　乙右弓步右上格挡

接上势，甲右脚向右前方上步，身体左转成左弓步；双手握枪向乙右上方扎枪。乙右脚向前上步,身体右转成右弓步;双手握刀用刀身向右上方格挡,刀尖向上。两人距离约1米。(图4-4-55)

图4-4-55

要点:甲步法灵活稳健,扎枪要快、准。乙快速上步,格挡有力,握刀于体前。两人距离适宜。

第三十一式 甲退步平扎枪 乙跟步立刀格挡

接上势,甲左脚后退,双手握枪向前平扎枪。乙左脚向前跟步,身体右转,重心向下;双手握刀向上用刀柄于体前格挡。(图4-4-56)

要点:甲退步迅速,扎枪快速准确有力。乙跟步及时,格挡有力,握刀于体前。两人距离适宜。

图 4-4-56

第三十二式　甲退步右上扎枪　乙上步左上挂柄格挡

接上势，甲右脚退步成左弓步，双手握枪向乙右上方扎枪。乙左脚上步成左弓步；双手握刀，刀柄经下向左上方挂柄格挡。（图4-4-57）

图 4-4-57

要点：甲退步迅速，扎枪快速准确。乙上步及时，挂柄顺畅，格挡有力，握刀于体前。两人距离适宜。

第三十三式　甲转身提枪旋子　乙转身背刀旋子

①接上势，甲左转身，左腿提膝；右手握枪把收于右腰侧。乙左转身，左腿提膝、左推掌，右手背刀，刀尖斜向右下方。（图4-4-58）

图 4-4-58

②甲两脚站立，双手握枪；目视左前方。乙两脚站立，右手背刀；目视左前方。随即甲双脚蹬地起跳抱枪旋子，乙双脚蹬地起跳背刀旋子；甲两脚落地成马步下扎枪，乙两脚落地成左弓步，右手握刀下截，刀尖斜向右下方，左手护于右腋下。（图4-4-59—图4-4-61）

四、朴刀进枪套路解析

图 4-4-59

图 4-4-60

图 4-4-61

朴刀进枪与盾牌刀对棍

要点：甲乙动作整齐，腾空动作连贯，攻防合理、意识逼真。

第三十四式　甲上步右上扎枪　乙上步转身右弓步格挡

①接上势，甲身体重心前移，右脚上步；双手握枪向前上方扎枪。乙上右脚左后转身，双手握刀上提。（图4-4-62）

②甲上左脚半马步双手握枪，乙重心右移成右弓步，双手握刀摆向右上方。甲乙对视。（图4-4-63）

图4-4-62

图4-4-63

③甲重心前移成左弓步，双手握枪向左上方扎枪。乙退左脚左转身成右弓步；双手握刀向右上方格挡，刀尖斜向上。（图4-4-64）

图4-4-64

要点：步法稳健，出枪迅速，配合默契。

第三十五式　甲左弓步扎枪　乙右弓步格挡

接上势，甲左脚向左侧上步，身体向前成左弓步；双手握枪向乙右上方扎枪。乙右脚向右前上步，身体右转成弓步；双手握刀向右上方格挡，刀尖向上。两人距离约1米。（图4-4-65、图4-4-66）

要点：甲扎枪迅速稳定。乙格挡准确有力，两人距离适宜。

 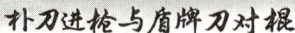

图 4-4-65

图 4-4-66

第三十六式　甲向前收腿跳盖把　乙右跪步横扫刀

①接上势，甲右脚向前上步双脚收腿跳起，双手握枪由乙的左侧向右、向前、向下盖把。乙左脚上步成右跪步；双手握刀向下横扫刀，力达刀刃。（图4-4-67）

②甲右脚落地站立，左腿提膝；双手握枪下截把。乙步法不变，双手握刀继续向上、向前横扫提刀。（图4-4-68）

图4-4-67　　　　　　　　　图4-4-68

要点：甲在跳跃时身体向前俯，枪把需从乙背上扫过，两腿屈膝提起躲闪乙刀。乙在扫刀时，刀面紧贴地面，上身前俯向左闪躲盖把，目视刀刃。

第三十七式　甲上步左转舞花枪弓步崩枪　乙右转身左弓步斜举刀

①接上势，甲左脚下落，右脚上步；双手握于枪身，枪尖经上向下在身体右侧立圆划弧一周，左后转身成舞花枪。乙右脚上步后转身，刀由上向下、向后立圆舞花举刀。（图4-4-69、图4-4-70）

②甲继续舞花枪左转身，双手向前举枪。乙上左步右转身撩刀，刀刃向上。（图4-4-71）

85

③随即甲向右移动上右步成右弓步崩枪,身体前倾;目视乙方。乙重心左移左脚上步成弓步横举刀;目视甲方。(图4-4-72)

图 4-4-69

图 4-4-70

图 4-4-71

图 4-4-72

要点：甲、乙动作连贯一致，攻防合理。

第三十八式　甲起身击步左弓步右下扎枪　乙起身盖步右弓步右下格挡

①接上势，甲左脚向前成交叉步，上体姿势不变。乙右转身站立，双手握刀由左向右、向下画弧，刀刃斜向后。（图 4-4-73）

图 4-4-73

朴刀进枪与盾牌刀对根

②甲起身站立，左腿提膝；双手握枪于腰间；随即左脚落地，击步向前上步成进攻势。乙起身站立，双手握刀于身体右侧，上体前倾成防守势。（图4-4-74、图4-4-75）

③甲继续上步成左弓步，双手握枪向前下方扎枪。乙左脚后退成右弓步；双手握刀向左下方格挡，刀尖斜向下。（图4-4-76）

图4-4-74

图4-4-75

图4-4-76

要点：甲、乙动作协调一致，攻防合理，意识逼真。

第三十九式　甲左弓步下扎枪　乙半马步右下格挡

接上势，甲左弓步，上体前倾，双手握枪向乙的右下方扎枪；目视枪尖。乙身体重心左移成半马步；双手握刀，向左上方成立刀，刀柄向下格挡；目视刀柄。（图4-4-77）

图4-4-77

要点：甲扎枪力点准确，用力适度。乙格挡准确有力。两人距离适宜。

第四十式　甲左弓步右下扎枪　乙左弓步右下格挡

接上势，甲左弓步，上体前倾，双手握枪向乙的右下方扎枪；

目视枪尖。乙身体重心左移成左弓步；双手握刀，由上向下用刀刃向右下方格挡；目视刀尖。（图4-4-78）

图4-4-78

要点：扎枪与格挡动作配合，协调一致。

第三段

第四十一式　甲左弓步左上扎枪　乙右弓步右上格挡

接上势，甲左脚向左侧上步，身体左转成左弓步；双手握枪向乙的右上方扎枪。乙身体右转成右弓步，双手握刀，由下向上、向右上方格挡。两人距离约1米。（图4-4-79）

要点：甲扎枪力点准确，用力适度。乙格挡准确有力。两人距离适宜。

图 4-4-79

第四十二式　甲上步下扎枪　乙左转翻身跳半马步下截刀

①接上势，甲上步，身体前倾，向左下扎枪；目视枪尖。乙起身提右膝，双手握刀，准备翻身起跳。（图4-4-80）

②甲上右步，左腿提膝，右脚独立支撑；随即左脚向前落步成左弓步，身体前倾，向乙的右下方扎枪；目视枪尖。乙左后转腾空翻身跳，双手举刀于头顶上方；随即落地成半马步下截刀，身体重心向左，双手握刀向下格挡于右脚内侧，力达刀刃。（图4-4-81、图4-4-82）

要点：甲上步扎枪准确，步法移动迅速。乙腾空翻身跳时，蹬地、挥刀动作同时完成，协调连贯。

 朴刀进枪与盾牌刀对棍

图 4-4-80

图 4-4-81

图 4-4-82

第四十三式　甲左弓步扎枪低头　乙右弓步格挡劈刀

①接上势，甲左弓步，双手握枪向乙右上扎枪。乙身体重心右移成右弓步；双手握刀由下向右上方格挡，刀尖斜向上。两人距离约1米。（图4-4-83）

②甲步法不变，上体前俯，低头扎枪；双手握枪于体前。乙步法不变，上体前倾；双手握刀顺势向斜下方劈刀。（图4-4-84、图4-4-85）

图 4-4-83

图 4-4-84

图 4-4-85

要点：甲扎枪准确连贯，低头躲闪及时。乙格挡劈刀以腰带臂，力达刀刃，向乙背下劈刀时，刀刃稍向上转，以免伤到同伴。

第四十四式　甲左弓步右上扎枪　乙右弓步右上格挡

接上势，甲左脚向前上步成左弓步，双手握枪向乙右上方扎枪。乙右脚向前上步，身体重心前移成右弓步；双手握刀由下向右上方用刀背格挡。两人距离约1米。（图4-4-86）

图 4-4-86

要点： 甲扎枪力点准确，用力适度。乙格挡准确有力。两人距离适宜。

第四十五式　甲左弓步扎枪低头　乙右弓步劈刀

接上势，甲左脚向前成左弓步，双手握枪向前扎枪低头。乙双手握刀成右弓步向下劈刀。（图4-4-87、图4-4-88）

图 4-4-87

图 4-4-88

要点： 甲扎枪迅速准确，低头躲闪及时。乙劈刀有力，贴近乙背部快速下劈。

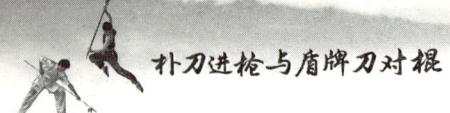

第四十六式　甲左弓步左上扎枪　乙右弓步右上格挡

接上势，甲上体前倾成左弓步，双手握枪向左上方扎枪。乙右脚向前上步，上体前倾成右弓步；双手握刀向右上方格挡，刀尖斜向上。两人距离约1米。（图4-4-89）

图4-4-89

要点：甲扎枪迅速准确，乙格挡准确有力，两人距离适宜。

第四十七式　甲左弓步扎枪　乙左弓步上举刀架枪

接上势，甲左脚向前上步成左弓步，双手握枪向前上方扎枪。乙双脚跳换步成左弓步；双手握刀于头顶上方举刀架枪，刀尖向右。（图4-4-90）

四、朴刀进枪套路解析

图 4-4-90

要点：甲上步快速轻灵，扎枪准确迅速。乙换步要快，上举刀架枪时两臂用力上撑。

第四十八式　甲提膝点枪弓步扎枪　乙弓步下扫刀格挡

①接上势，甲左腿提膝，双手握枪向前下点枪。乙右脚上步成右弓步，低头向下横扫刀。（图 4-4-91）

图 4-4-91

②甲左脚落地，右脚迅速后退成左弓步；双手握枪向左上方扎枪。乙右脚上步，左脚向前跟步；双手握刀由下向右上方格挡，刀尖斜向上。（图4-4-92）

图4-4-92

要点：甲迅速提膝躲闪扫刀，点枪时快速准确向乙背部下点，退步迅速。乙横扫刀时，身体前倾向下，由右向左，高不过膝快速横扫，向上格挡准确有力。

第四十九式　甲左弓步扎枪低头　乙右弓步下劈刀

接上势，甲左弓步，双手持枪向前扎枪低头。乙双手持刀右弓步向下劈刀。（图4-4-93、图4-4-94）

要点：甲弓步扎枪，低头动作连贯快速。乙劈刀贴甲背部，下劈要有力度。

图 4-4-93

图 4-4-94

第五十式　甲左弓步左上扎枪　乙右弓步右上格挡

接上势，甲右脚迅速向后退步，左脚跟步，成左弓步；双手握枪向左上方扎枪。乙左右脚向前上步成右弓步；双手握刀向右上方格挡，刀尖斜向上。（图 4-4-95）

要点：甲退步跟步连贯轻灵，扎枪准确有力。乙进步连贯迅速，格挡准确。

图 4-4-95

第五十一式　甲左弓步扎枪　乙左弓步上举刀架枪

接上势，甲左脚向前上步，身体前倾成左弓步；双手握枪向乙正上方扎枪。乙左脚向前上步，身体右转成左弓步；双手握刀向正上方格挡架刀。两人距离约1米。（图4-4-96）

图 4-4-96

要点：甲扎枪力点准确，乙架刀必须于头顶上方。两人距离适宜。

第五十二式　甲提膝点枪弓步扎枪　乙弓步扫刀格挡

①接上势，甲左腿提膝，双手握枪向下点枪。乙右脚上步成右弓步，低头横扫刀。（图4-4-97）

②甲左脚落地，右脚后退成左弓步；双手握枪向左上方扎枪。乙右脚上步，左脚向前跟步；双手握刀由下向右上方格挡，刀尖斜向上。（图4-4-98）

图4-4-97

图4-4-98

要点：甲提膝迅速，躲闪的同时向乙背部点枪准确，退步迅速。乙横扫刀时身体前倾向下，由右向左快速向甲腿横扫，随即格挡，准确有力。

第五十三式　甲左弓步抱枪低头　乙右弓步下劈刀

接上势，甲步法不变，双手握枪身体前倾抱枪低头。乙步法不变，双手握刀随身体前俯由上向下劈刀。（图4-4-99、图4-4-100）

图 4-4-99

图 4-4-100

要点：甲抱枪低头迅速，枪尖不能触地。乙劈刀快速有力，刀背紧贴于甲背部。

第五十四式　甲左弓步左上扎枪　乙右弓步右上格挡

接上势，甲左脚向前上步，右脚跟步，身体前倾成左弓步；双手握枪向左上方扎枪。乙右脚向前上步，左脚跟步，身体前倾成右弓步；双手握刀向右上方格挡。两人距离约1米。（图4-4-101）

图4-4-101

要点：甲移步快速，扎枪准确有力。乙格挡迅速。两人距离适宜。

第五十五式　甲收腿跳盖把提膝　乙跪步横扫刀

①接上势，甲起身收腿跳；双手握枪于中段，由右后向乙的左

前扫盖把。乙左脚向前上步,身体右转,成跪步扫刀。(图 4-4-102)

②甲右脚落地站立,左腿提膝;双手握枪向下截把触地。乙下肢动作不变,双手握刀继续向前、向上横扫提刀。(图 4-4-103)

图 4-4-102　　　　　　图 4-4-103

要点:甲跳跃时身体向前俯,枪把必须从乙背上扫盖,腾空、盖把协调一致。乙在扫刀时,刀背紧贴地面,快速由右向左扫向甲腿。甲乙配合默契,以免伤及同伴。

第五十六式　甲上步左转右上扎枪　乙左转挂柄劈刀

①接上势,甲左脚向前上步,双手握枪于腰间。乙起身右脚向前上步,身体左转;双手握刀收于胸前,刀尖斜向右下方。(图 4-4-104)

②甲右脚向前上步,身体左后转成左弓步;双手握枪向乙的左上方扎枪。乙身体左转成左弓步;双手握刀,刀柄随转身向左上方

格挡。（图4-4-105）

③甲步法不变，上体前俯扎枪，低头抱枪。乙右脚上步成右弓步，双手握刀向前下方劈刀。（图4-4-106、图4-4-107）

图4-4-104

图4-4-105

图4-4-106

图 4-4-107

要点：甲步法稳健，转身迅速，扎枪要准，上体前俯低头躲闪及时。乙转身迅速，格挡劈刀连贯有力。

第五十七式　甲左弓步左上扎枪低头　乙右弓步右上格挡劈刀

①接上势，甲左弓步，双手握枪向左上方扎枪。乙步法不变，上体右转成右弓步；双手握刀向右上方格挡。两人距离约 1 米。（图 4-4-108）

图 4-4-108

②甲步法不变，上体前倾，双手抱枪位于体前。乙步法不变，上体前倾；双手握刀向斜下方劈刀，刀背紧贴甲背部。两人距离约1米。（图4-4-109、图4-4-110）

图 4-4-109

图 4-4-110

要点： 甲扎枪后迅速低头，躲闪及时。乙劈刀时用刀背下劈甲肩背部，劈刀与甲低头配合协调，动作连贯。

第五十八式　甲左弓步左上扎枪低头　乙右弓步右上格挡劈刀

动作、要点同第五十七式，参见图4-4-108—图4-4-110。

第五十九式　甲左弓步左上扎枪低头　乙右弓步右上格挡劈刀

动作、要点同第五十七式，参见图4-4-108—图4-4-110。

第六十式　甲左弓步左上扎枪转身倒地　乙右弓步右上格挡跪步横扫提刀

①接上势，甲步法不变，身体抬起成左弓步；双手握枪向左上方扎枪。乙步法不变，上体抬起；双手握刀向右上方格挡。（图4-4-111）

②甲重心上移至左脚，成开立步站立，双手抱枪于体前。乙左脚向前上步成左弓步，双手握刀向前横扫刀。（图4-4-112）

③甲上体姿势不变，身体右转90°，左脚向右脚靠拢，随即转身180°前扑倒地。乙重心向下成左跪步，双手握刀，向前、向左横扫刀。（图4-4-113—图4-4-115）

要点：甲、乙枪法、刀法动作准确，配合默契，意识逼真，动作连贯。

图4-4-111

四、朴刀进枪套路解析

图 4-4-112

图 4-4-113　　　　　　　图 4-4-114

图 4-4-115

收势 甲起身收势 乙起身收势

接上势，甲、乙起身自然站立，右脚向左脚并拢，甲持枪于胸前，乙收刀拄地于身前。目视前方。（图 4-4-116）

要点：甲、乙手握器械保持直立，两人距离适宜。

图 4-4-116

（五）朴刀进枪套路运行路线示意图

注：图中等腰三角形顶端方向为运动员甲的胸部朝向。

第一段 套路运行路线示意图

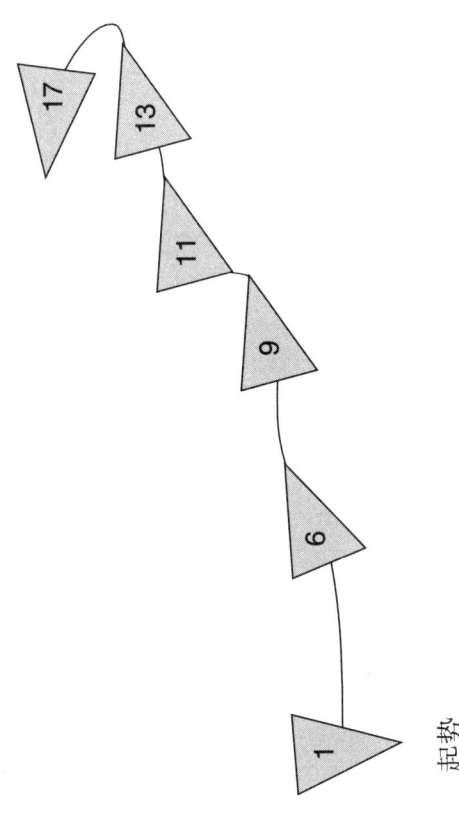

111

朴刀进枪与盾牌刀对棍

第二段 套路运行路线示意图

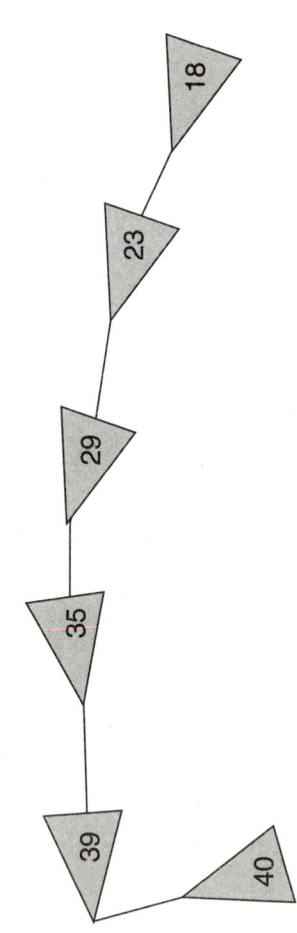

四、朴刀进枪套路解析

第三段 套路运行路线示意图

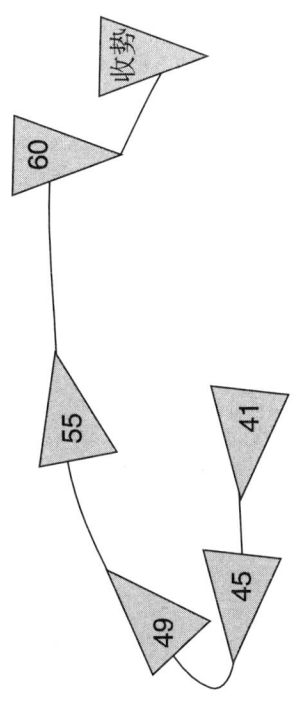

五、盾牌刀对棍套路解析

（一）基本技法和动作

1. 基本棍法

①握棍方法

右手持棍，以拇指和食指紧握棍身，其余三指自然弯曲，虎口朝向棍梢段，使棍紧贴于身体右侧。（图 5-1-1、图 5-1-2）

要点：握棍松紧适度。

图 5-1-1

图 5-1-2

②立棍

右手握棍把段，将棍竖直举于体前或体侧。（图 5-1-3）

要点：握棍松紧适度。

③格挡棍

双手握棍，将棍竖立于身前，向左或向右格挡。（图 5-1-4）

图 5-1-3　　　　　　　　图 5-1-4

要点：握棍手松紧适度，格挡动作要快速有力。

④平抡棍

双手握棍于胸前，以腰为轴向左或向右迅速有力地做半周以上的平抡，力达棍梢段。（图 5-1-5、图 5-1-6）

要点：左手用力适度，右手食指与拇指紧扣棍身，其余三指略微放松。发力有序，气沉丹田，以腰带臂，传于双手及腕部。

朴刀进枪与盾牌刀对棍

图 5-1-5　　　　　　　　　图 5-1-6

⑤劈棍

双手握棍，使棍由上向下猛力劈出，力达棍身前段。（图 5-1-7）

要点：双手握于棍把段，用力适度。

图 5-1-7

⑥立舞花棍

双手握棍在身体两侧立圆绕行,动作快速连续,立舞花可在原地和行进间进行。(图 5-1-8—图 5-1-13)

图 5-1-8

图 5-1-9

图 5-1-10

图 5-1-11

朴刀进枪与盾牌刀对棍

图 5-1-12

图 5-1-13

要点：棍要贴身，棍舞立圆，右手拇指、食指握于棍把段三分之一处，左手食指、中指上下滑动，辅助右手。

⑦崩棍

棍梢段由下向上或向左右短促崩击，力达棍梢段。（图 5-1-14）

图 5-1-14

要点：右手握于棍的把端，左手握于棍的中段，力达棍梢段。

⑧架棍

右手握棍把段、左手握棍身梢段，由下向上举，棍身横平为平架棍。（图 5-1-15）

图 5-1-15

要点：右手握于棍把段、左手握于棍梢段，双手同时向上举，高于头顶。

⑨扫棍

棍梢段在腰以下平扫或以棍梢段贴地，棍身倾斜迅猛扫出，力达棍梢段。（图 5-1-16、图 5-1-17）

图 5-1-16　　　　　　　图 5-1-17

要点：棍梢段在腰部以下水平抡摆，或尽量以棍梢段贴地，棍身倾斜抡摆为扫。扫棍迅猛有力，力达棍梢段。

⑩腾空前扑摔棍

双脚蹬地，双腿屈膝，向上背腿跳腾空前扑摔棍。（图5-1-18、图5-1-19)

图 5-1-18

图 5-1-19

要点：腾空时头向后看棍梢段，前扑摔棍时头要抬起，目视前方，力达棍梢段。

⑪提膝崩棍

左腿屈膝上提，脚尖向下，右腿伸直成独立势。左手握于棍身中段，右手握于棍把端，经上向下用力收于腰间，力达棍梢段。（图5-1-20）

五、盾牌刀对棍套路解析

图 5-1-20

要点：两手握棍发力时左臂伸直，右手收于腰间，与提膝同时完成。

⑫鲤鱼打挺

双腿下摆时，以肩、头或手支撑向上挺起胯腰，双脚着地时迅速收腹带动上身向上、向前起。（图 5-1-21—图 5-1-23）

要点：下压摆腿快速，双脚着地时双腿伸直略开立。

图 5-1-21　　　　　图 5-1-22　　　　　图 5-1-23

121

⑬腾空前背摔

双脚蹬地前翻时双腿弯曲,以肩、手臂、双脚掌同时落地。(图5-1-24—图5-1-26)

图5-1-24　　　　　　图5-1-25

图5-1-26

要点:空中翻转快速,着地时胯部顶起,下颌向内收紧。

2. 基本动作

①握刀

以虎口包绕刀把,并靠近护手盘,四指自然弯曲,拇指第一指节压在食指第二指节上。(图5-1-27)

要点:拇指与食指紧扣于刀把,其余三指略微放松顺势握于刀把。

五、盾牌刀对棍套路解析

图 5-1-27

②持盾

左臂穿入盾牌内侧面的环,左手紧握盾牌。(图 5-1-28、图 5-1-29)

图 5-1-28

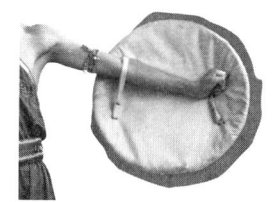

图 5-1-29

要点:五指紧扣盾牌内侧环。

③持盾拍刀

以站立姿势,右手握刀,左手持盾,刀身拍击盾牌中段,顺势摆头向右。(图 5-1-30)

要点:击盾响亮,力达刀身。

朴刀进枪与盾牌刀对棍

图 5-1-30

④提盾横砍刀

左手提盾,右手握刀由左向右横砍。(图 5-1-31)

要点:刀身与地面平行,以腰助力,砍刀速度要快,力达刀刃。

⑤马步藏刀

右手握刀,刀身竖直,刀尖向下,刀刃向后,藏于身右后方,左手提盾。双腿屈膝马步。(图 5-1-32)

图 5-1-31   图 5-1-32

要点：马步重心略后移，左臂弯曲，盾牌面略向上仰。

⑥弓步藏刀

右手握刀，刀身横平，刀尖斜向下，刀刃向后，藏于身右后方，左手提盾。双腿屈膝弓步。（图5-1-33）

要点：弓步重心右移，盾牌面略向上仰。

⑦架盾劈刀

左手提盾上举，盾面朝上，右手握刀由上向下劈，力由腰发，随即收盾于左肩侧。（图5-1-34、图5-1-35）

图5-1-33

图5-1-34

图5-1-35

要点：架盾时左臂用力上撑，高于头顶，劈刀与收提盾于身体左侧同时完成。

⑧后滚翻

身体向后着地翻滚时依次以腰、背、两脚着地，起身迅速。（图5-1-36—图5-1-39）

要点：翻滚时下颌内收，身体向内团身。

图5-1-36

图5-1-37

图5-1-38

图5-1-39

（二）组合动作

注：甲为持棍者；乙为持盾牌刀者。

1. 甲半马步平抡接弓步劈棍，乙躲闪举盾牌格挡

①甲上体左转，左脚前、右脚后交叉站立；同时，双手握棍架于左肩，目视乙方。乙上体直立，两脚成开立步站立；同时，左手提盾于左胸前，右手握刀于右腿外侧；向右转头。（图5-2-1）

图5-2-1

②接上势，甲身体右转，重心下移成半马步；同时，双手握棍由左经前向右平抡棍；眼随棍走。乙原地两脚站立，俯身低头；同时，左手提盾于左臂侧，右手握刀于右腿外侧。（图5-2-2）

③接上势，甲身体重心后移，两脚不变；同时，双手握棍继续向右平抡于右侧方；目视乙方。乙上下肢动作不变。（图5-2-3）

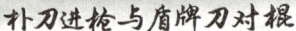

朴刀进枪与盾牌刀对棍

图 5-2-2

图 5-2-3

④接上势,甲重心下降,身体向左,步型不变;同时,双手握棍由右向左下方抡棍;眼随棍走。乙上体起身后仰,双脚蹬地起跳向后背腿;同时,左手提盾于身体左侧,右手握刀向上举刀;向右转头。(图 5-2-4)

⑤接上势,甲上体左转,左脚向前交叉站立;同时,双手平抡棍于左肩;目视乙方。乙双脚落地,身体直立;左手提盾于左胸前,右手握刀于右腿外侧;目视甲方。(图 5-2-5)

⑥接上势,甲身体右转,重心下降,双脚成马步;同时,双手握棍由左向右平抡棍;目视乙方。乙原地俯身低头;同时,左手提盾于体左前,右手握刀于右腿外侧。(图 5-2-6)

五、盾牌刀对棍套路解析

图 5-2-4

图 5-2-5

图 5-2-6

⑦接上势，甲身体重心上升，由马步变成开立步站立；同时，双手握棍向右上抡棍于右肩后侧，棍把端向上；目视乙方。乙身体右转直立，右脚前、左脚后站立；同时，左手举盾于身体左前方，右手握刀于右腿外侧；目视甲方。（图5-2-7）

⑧接上势，甲身体前倾，左脚向前，成左弓步；同时，双手握棍由后经头顶上方向前下方劈棍；目视棍与盾触碰处。乙身体前倾，右脚不动成站立步；同时，左手举盾格挡，右手握刀于右侧上方；目视棍、盾触碰处。（图5-2-8）

图5-2-7

图5-2-8

⑨接上势，甲双手把棍，上体前倾，俯身低头。乙身体左转，重心后移，成半马步；右手握刀向下劈刀。（图5-2-9）

⑩接上势，甲起身退左步成右弓步，双手握棍于体前成崩棍；目视乙方。乙右转身，退右脚成马步；左手握盾牌于体前，右手握刀于身后藏刀；目视甲方。（图5-2-10）

图 5-2-9

图 5-2-10

要点：甲双手握棍力度适中，左右平抢棍时需气沉丹田，力达棍梢段。乙左手握盾牌防守灵活，躲闪及时，右手劈刀连贯、准确。

2. 甲左弓步上举棍架刀，乙弓步劈刀

甲身体略微后仰成左弓步；同时，左手握棍把段后拉，使棍平置于胸前，随即双手握棍向头前上方架棍；目视乙方。乙重心后移，右脚向前上步成右弓步；随即左手向后拉盾；右手握刀由上向下、向后画弧，再经头上劈向甲头部，刀刃朝前；同时，震脚跳换步成左弓步；目视甲方。（图5-2-11、图5-2-12）

图 5-2-11

图 5-2-12

要点：甲架棍时距离、方位准确，两手握棍松紧适度。乙劈刀、震脚换步快速、灵活，需同时完成。

3. 甲右左格挡棍，乙左右劈刀

①甲身体重心后移，左脚前、右脚后成高虚步；同时，双手握棍于中段向右格挡；目视刀、棍触碰处。乙身体略左转，右脚向前成右弓步；同时，左手提盾于身体左侧，右手向左前方劈刀；目视刀、棍触碰处。（图 5-2-13）

图 5-2-13

②接上势，甲上体不变，左腿半蹲后退，左脚尖触地，右腿半屈蹲；同时，两手握棍向左格挡；目视刀、棍触碰处。乙身体前移略右转，左脚上步成左弓步；同时，左手提盾于身体左侧与肩平，右手握刀向右前方劈刀；目视刀、棍触碰处。（图 5-2-14）

③接上势，甲身体重心后移，左脚前、右脚后成高虚步；同时，两手握棍于中段向右格挡；目视刀、棍触碰处。乙身体前移，身体略左转，上右脚成右弓步；同时，左手提盾于身体左侧与肩平，右手握刀向左前方劈刀；目视刀、棍触碰处。（图 5-2-15）

133

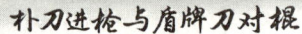

朴刀进枪与盾牌刀对棍

图 5-2-14

图 5-2-15

④接上势，甲上体不变，左腿半蹲后退步，脚尖触地，右腿屈蹲；同时，两手握棍向左格挡；目视刀、棍触碰处。乙身体前移略右转，左脚上步成左弓步；同时，左手提盾于身体左侧与肩平，右手握刀向右前方劈刀；目视刀、棍触碰处。（图 5-2-16）

要点：甲退步格挡迅速，握棍松紧适度，步型稳健。乙上步迅速，劈刀时力度适中。

五、盾牌刀对棍套路解析

图 5-2-16

（三）盾牌刀对棍套路动作名称

预备势

第一段

第 一 式　甲半马步震棍　乙右开立步拍击盾牌
第 二 式　乙横砍刀　甲弓步格挡棍
第 三 式　甲弓步劈棍　乙举盾格挡
第 四 式　乙弓步劈刀　甲弓步架棍
第 五 式　甲正蹬腿　乙倒地后滚翻
第 六 式　甲提膝崩棍　乙弓步藏刀
第 七 式　甲弓步劈棍　乙举盾上格挡
第 八 式　乙马步劈刀　甲弓步俯身低头
第 九 式　甲弓步戳棍　乙弓步格挡
第 十 式　乙马步劈刀　甲弓步俯身低头
第十一式　甲弓步戳棍　乙腾空翻身马步劈刀
第十二式　甲弓步上戳棍　乙弓步上格挡

135

第十三式　甲弓步盖把　乙弓步举盾格挡
第十四式　乙弓步劈刀　甲弓步架棍

第二段

第 十 五 式　乙左右砍刀　甲右左格挡
第 十 六 式　乙弓步砍刀　甲弓步架棍
第 十 七 式　甲正蹬腿扫棍　乙退步背腿跳
第 十 八 式　甲弓步平抡棍击盾牌　乙俯身低头提盾格挡
第 十 九 式　甲左手脱棍　乙提盾推棍转身后摆腿
第 二 十 式　甲平抡棍接旋子转体360°前扑　乙上步砍刀接旋风脚360°侧摔
第二十一式　甲前扑摔棍　乙侧摔砍刀
第二十二式　甲弓步压棍　乙弓步藏刀
第二十三式　甲背腿跳劈棍　乙上举架盾格挡
第二十四式　乙马步架盾下劈刀　甲马步格挡棍
第二十五式　甲抛棍踩刀　乙抛刀持盾牌
第二十六式　乙举盾下砸开立步冲拳　甲翻身前摔倒地
第二十七式　甲鲤鱼打挺　乙站立格斗势
第二十八式　甲弓步盘肘冲拳　乙弓步盘肘冲拳

收势

（四）盾牌刀对棍套路动作图解

注：甲为持棍者；乙为持盾牌刀者。

预备势：

甲身体直立，两脚并步站立；同时，左臂垂于体侧，手指向下，手心向里，五指并拢贴靠大腿；右臂屈肘，右手抓握棍把段置于右侧胸前,手心向左,使棍身垂直;目视前方。乙身体直立,两脚并步与甲平行站立;同时,甲乙间隔距离约为 1 米,双臂略微弯曲置于身体两侧,左手提盾,右手握刀;目视前方。(图 5-4-1)

图 5-4-1

要点:甲乙头要端正,下颌微收,挺胸,收腹。

第一段

第一式 甲半马步震棍 乙右开立步拍击盾牌

①接上势,甲并步直立,棍身直立;同时,右手握棍向右前方推出,左手握拳抱于腰左侧。乙并步直立;左手提盾于身体左侧,右手向前挑刀;眼随刀走。(图 5-4-2)

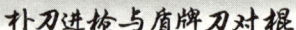 朴刀进枪与盾牌刀对棍

图 5-4-2

②接上势，甲左脚不动，撤右脚震脚成半马步；同时，棍把端用力震地，棍身直立，向左转头，左手推掌于左腿外侧。乙身体直立，撤左脚，身体略向右转，右脚不动成开立步站立；同时，左手提盾于身前，右手握刀击拍于盾牌上，向右转头与甲对视。（图5-4-3）

图 5-4-3

要点：甲半马步震地与棍把触地同时完成。乙两脚开立重心稳定，右手握刀击拍盾牌响亮。

第二式　乙横砍刀　甲弓步格挡棍

接上势，乙身体直立略微右转，两腿分开站立不变；同时，左手提盾于身体左侧与肩平；右手握刀向右平砍，手臂伸直，目视刀、棍触碰处。甲上体左转，重心前移成左弓步；同时，左手下、右手上握于棍身梢把两段，向左前方推出格挡，棍身竖直棍梢段朝上；目视乙刀。（图5-4-4）

图 5-4-4

要点：乙横砍刀发力时以腰带臂，刀砍于棍身中段。甲弓步要稳，双手握棍松紧适度，格挡棍快速准确。

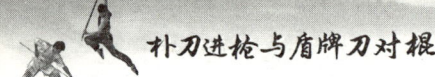

第三式　甲弓步劈棍　乙举盾格挡

①接上势，甲向右后转身，上左脚原地右转，以右脚为中心旋转一周；同时，双手握棍于左肩架棍；目视乙方。乙身体直立，左脚不动，撤右脚成开立步站立；同时，左手提盾于胸前，右手握刀下落于右腿外侧；向右转头，目视甲方。（图5-4-5）

②接上势，甲身体重心下降成马步，双手握棍由左肩向右平抡棍；眼随棍走。乙两脚原地不动双腿分开站立，上体前俯；同时，左手提盾于左侧，右手握刀于右腿外侧。（图5-4-6）

图 5-4-5

图 5-4-6

五、盾牌刀对棍套路解析

③接上势，甲身体重心略右移，步法不变；同时，双手握棍平抢于右肩；目视乙方。乙俯身低头姿势不变。（图5-4-7）

④接上势，甲重心前移，双脚不变；同时，双手由右向左下方抢棍；眼随棍走。乙起身上体向后，原地起跳成双腿向后背腿；同时，左手提盾于身体左侧上方，右手握刀向上举，向右转头。（图5-4-8）

图 5-4-7

图 5-4-8

⑤接上势，甲身体左转，重心向上，双脚站立；同时，双手平抡棍于左肩，目视乙方。乙双脚落地站立；同时，左手提盾于胸前，右手握刀于右腿外侧；目视甲方。（图5-4-9）

图5-4-9

⑥接上势，甲身体右转，重心下降，双脚开立成马步；同时，双手握棍由左向右平抡棍，目视乙方。乙俯身低头；同时，左手提盾于身体左侧，右手握刀于右腿外侧。（图5-4-10）

图5-4-10

五、盾牌刀对棍套路解析

⑦接上势,甲身体重心上移前倾,由马步变成开立步站立;同时,双手握棍抡于右肩后侧,棍梢向下,目视乙方。乙身体右转,重心后移略后仰,双脚交叉步站立;同时,左手举盾于体前左上方,右手握刀于右腿外侧;目视甲方。(图5-4-11)

⑧接上势,甲身体前倾,左脚向前成弓步,同时,双手握棍由上向下劈棍;目视棍、盾触碰处。乙身体前倾,右脚不动成右高弓步,同时,左手举盾格挡,右手握刀于右腿外侧,目视棍、盾触碰处。(图5-4-12)

图5-4-11

图5-4-12

要点： 甲步型要稳，双手握棍松紧适度，向右、左用力平抢时，以腰发力传于手，力达棍梢段。乙左手握盾牌格挡有力，右手挥刀配合协调一致。

第四式　乙弓步劈刀　甲弓步架棍

接上势，甲身体略后仰，左弓步不变，同时，双手握棍向头顶前方上举架棍，以棍身中段架刀，目视乙方。乙重心后移，右脚向后撤半步，左脚向前上步成跳换步震脚左弓步，同时，左手握盾侧架，右手握刀由上向下经后向前上方劈刀，刀刃朝前，目视甲方。（图 5-4-13、图 5-4-14）

图 5-4-13

图 5-4-14

要点：乙震脚换步快速、灵活，劈刀与震脚换步同时完成，身、械配合协调一致。甲架棍方向准确、有力，以腰发力，步法稳健。

第五式　甲正蹬腿　乙倒地后滚翻

接上势，甲身体重心前移至左腿，左脚不动，收右腿向前成正蹬腿，右脚向前下落；目视乙方。乙身体后仰；同时，左手提盾于身体左侧，右手握刀于身体右侧，双臂展开，顺势向后倒地滚翻。（图 5-4-15—图 5-4-18）

图 5-4-15

图 5-4-16

图 5-4-17

图 5-4-18

要点：甲蹬腿时注意脚掌贴上乙胸部后再发力，力达脚掌。乙倒地向后翻滚时下颌内收，团身圆活。

第六式　甲提膝崩棍　乙弓步藏刀

①接上势，甲身体右转，左脚不动，右脚向后撤步；同时，双手握棍，棍梢由上而下做舞花棍，眼随棍走。乙起身向右转身半蹲，上左脚成交叉步站立；同时，左手提盾于身体左侧，右手握刀拍盾于胸前。（图5-4-19）

五、盾牌刀对棍套路解析

图 5-4-19

②接上势,甲身体右转略前倾,双脚成右弓步;同时,双手握棍,棍梢由下而上做舞花棍;目视乙方。乙身体前倾,上右脚,两腿半蹲成交叉步站立;同时,左手提盾于身体左侧,右手握刀于身体右侧;眼随刀走。(图 5-4-20)

图 5-4-20

147

朴刀进枪与盾牌刀对棍

③接上势,甲身体右转,上左脚,右脚不动成马步;同时,双手握棍使棍梢由下而上舞花棍身竖直。乙身体右转重心前移,上左步成马步;同时,右手拍击盾牌。(图5-4-21)

图 5-4-21

④接上势,甲身体前倾,左脚不动,撤右脚向右后转身,提左膝;同时,左手握于棍身中段,右手握于棍把端,由下而上崩棍;目视乙方。乙身体右转略前倾,撤右脚成右弓步;同时,左手提盾于体前,右手握刀藏于体后;目视甲方。(图5-4-22、图5-4-23)

图 5-4-22

五、盾牌刀对棍套路解析

图 5-4-23

要点：甲舞花棍时，棍在身体两侧立圆绕行，快速连续。甲乙双方步法与上肢动作的配合协调连贯。

第七式　甲弓步劈棍　乙举盾上格挡

①接上势，甲身体前倾，左脚落地上步成左弓步；同时，左手握于棍身中段，右手握于棍把端，棍梢由前向左后拉棍；眼随棍走。乙身体前倾，上左脚，成交叉步半蹲；同时，左手提盾于体前，右手握刀于身后；目视甲方。（图 5-4-24）

图 5-4-24

②接上势，甲身体前倾，步法不变，重心处于两腿之间；同时，双手握棍，棍身与肩平行向左后预摆；目视乙方。乙身体前倾，上右脚成右弓步；同时，左手提盾于体前，右手握刀于身后；目视甲方。（图5-4-25）

图 5-4-25

③接上势，甲重心前移，收右脚并步下蹲；同时，双手握棍，棍梢段由后向前扫棍，眼随棍走。乙上体前倾，重心前移，上左脚成交叉步半蹲；左手提盾于身体左前侧，右手握刀于身体右侧；目视甲方。（图5-4-26）

图 5-4-26

五、盾牌刀对棍套路解析

④接上势,甲身体后仰,双脚蹬地向后背腿跳起;双手握棍扫棍于左肩后,眼随棍走;随即甲身体前倾,双脚落地,左脚在前、右脚在后成左弓步;同时,双手握棍向下劈棍,目视棍、盾触碰处。乙身体前倾,撤右脚成左弓步;同时,左手举盾格挡,右手藏刀于身体右侧;目视甲方。(图 5-4-27、图 5-4-28)

图 5-4-27

图 5-4-28

要点：甲扫棍、背腿跳、劈棍连贯紧凑，握棍松紧适度。乙移步快速轻灵，左手举盾有力、迅速、准确。

第八式　乙马步劈刀　甲弓步俯身低头

①接上势，乙身体重心前移，上右脚；同时，左手举盾向左下拨棍，右手握刀于身体右侧；目视甲方。甲身体前倾成左弓步劈棍，目视棍、盾触碰处。（图5-4-29）

图 5-4-29

②接上势，乙重心后移，双腿成马步；同时，左手提盾于左肩后，右手握刀向甲背部劈刀，落刀于右腿前内侧；目视甲方。甲身体重心前移，双腿不变；同时，双手握棍向前俯身。（图5-4-30、图5-4-31）

要点：乙马步劈刀时，发力要快，力达刀刃。甲俯身低头时，不能过早或过晚，劈刀至头上再迅速低头收棍。

图 5-4-30

图 5-4-31

第九式　甲弓步戳棍　乙弓步格挡

接上势，甲起身弓步上戳棍；同时，左手握棍身中段，右手握棍把端收于右腰间；目视刀、棍触碰处。乙起身上体后仰，右脚向后撤步；同时，左手提盾于身体左侧，右手握刀于体前格挡。目视刀、棍触碰处。（图5-4-32）

要点：甲弓步上戳棍时，棍梢应戳向乙头部右上方，双手有力、稳健。乙握刀有力，体前格挡，距离适宜。

朴刀进枪与盾牌刀对棍

图 5-4-32

第十式　乙马步劈刀　甲弓步俯身低头

①接上势，乙上右脚，身体左转，两腿开立；同时，左手提盾拨棍，右手握刀于身体右侧上方；目视甲方。甲上体前倾，弓步不变；同时，双手握棍向后收棍，然后再向前戳棍于乙左上方；目视乙方。（图5-4-33）

图 5-4-33

②接上势，乙身体前倾，两脚距离不变；同时，左手提盾于左肩上方，右手握刀经甲背部劈刀下滑于右腿前侧，眼随刀走。甲左弓步向前俯身；同时，双手握棍抱于体前。（图5-4-34、图5-4-35）

图5-4-34

图5-4-35

要点：乙马步劈刀时，发力要快，力达刀刃，并以刀背劈向甲方背部。甲俯身低头时不能过早或过晚，劈刀至头顶上方再迅速低头收棍。

第十一式　甲弓步戳棍　乙腾空翻身马步劈刀

①接上势，甲起身抬头，双脚开立步站立；同时，右手握棍于把端向后回收，目视棍梢斜下方。乙起身，上体略向右转，重心向前移，右脚在前成右弓步；同时，左手提盾于右膝前，右手握刀由下而上背刀于肩后；目视甲方。（图5-4-36）

②接上势，甲上体前倾，重心下降，两腿屈膝成半马步；同时，双手握棍向乙的右前下方戳棍，目视刀、棍触碰处。乙左转身，上右脚成高插步；同时，左手握盾于身体左侧，右手握刀由背后经右上向左下方劈刀；目视刀、棍触碰处。（图5-4-37）

图5-4-36

图5-4-37

③接上势,甲上体前倾,左脚向前上步成左弓步下戳棍;目视前方。乙上体前倾,上右步向左转身成开立步站立;同时,左手握盾于左肩上侧,右手握刀随左转身下截刀于右腿前方;目视刀、棍触碰处。(图5-4-38)

图5-4-38

④接上势,甲身体重心向前,双脚击步向前成马步截棍。乙重心向左上移动,双脚蹬地向左后翻身跳起;同时,左手提盾于身体外侧,右手握刀由下而上成翻身劈刀;目视甲方。(图5-4-39、图5-4-40)

图5-4-39

图 5-4-40

⑤接上势，甲身体前倾，重心前移双腿，成左弓步戳棍；目视刀、棍触碰处。乙左翻身跳后双腿下落成马步；同时，左手提盾于左肩上方，右手握刀继续下劈于右脚前方；目视刀、棍触碰处。（图 5-4-41）

要点： 甲弓步下戳棍时须力达棍梢，方向准确。乙翻转身跳协调、灵活，马步劈刀时以腰带劈带刀，发力迅猛。

图 5-4-41

第十二式　甲弓步上戳棍　乙弓步上格挡

接上势，甲上体起身抬头，步法不变；同时，左手握棍身中段，右手握棍把端，棍梢斜向左上方戳棍；目视乙方。乙上体右转，后仰重心后移，右脚向后撤步；同时，左手提盾落于身体左侧，右手握刀由下向上格挡，刀刃向前上方；目视刀、棍触碰处。（图 5-4-42）

图 5-4-42

要点：甲弓步稳健，棍梢端应戳向乙的头部右上方。乙握刀格挡时刀与头部距离适宜。

第十三式　甲弓步盖把　乙弓步举盾格挡

①接上势，甲上体回身后仰，双脚成开立步站立，右腿略弯曲；同时，双手握棍由下而上向右后侧举棍；眼随棍走。乙身体重心右移，成右弓步；同时，左手提盾于左肩上方，右手握刀于右膝前；目视甲方。（图 5-4-43）

图 5-4-43

②接上势，甲上体回身前倾，左脚上步向前成左弓步；同时，双手握棍由下而上向前盖把；目视棍、盾触碰处。乙上体回身向前，重心左移成左弓步；同时，左手举盾向上方格挡，右手握刀于身体右侧；目视棍、盾触碰处。（图5-4-44）

要点：甲步法稳键，盖把时以腰发力，力达棍把段。乙步法稳健，举盾格挡迅速、准确。

图 5-4-44

第十四式　乙弓步劈刀　甲弓步架棍

①接上势，乙上体前倾，左脚在前、右脚在后成开立步站立；同时，左手举盾压棍，右手向上举刀；目视甲方。甲重心后移，双腿半蹲成半马步；同时，双手握棍于上体前架盾；目视乙方。（图5-4-45）

图 5-4-45

②接上势，乙身体重心右移，向右侧身，右脚向右撤步震脚，随即回身前移重心成左弓步；同时，左手举盾推棍，右手握刀先收于肩后，后随回身前移向前劈刀；目视甲方。甲身体重心前移，双腿屈蹲成左弓步；同时，双手握棍向头顶上方举棍格挡；目视乙方。（图5-4-46、图5-4-47）

要点：甲架棍时双手上举棍要平行，握棍松紧适度。乙劈刀时快速、准确，劈刀与震脚换步连贯紧凑。

朴刀进枪与盾牌刀对棍

图 5-4-46

图 5-4-47

第二段

第十五式　乙左右砍刀　甲右左格挡

①接上势，乙上体略左转，上右脚成右弓步；同时，左手提盾于身体左侧，右手握刀向左前方砍刀；目视刀、棍触碰处。甲

身体重心后移,左脚向后退半步,右脚上前半步成虚步;同时,双手平握棍用棍把段向右前方横击格挡;目视刀、棍触碰处。(图5-4-48)

②接上势,乙重心前移,身体略右转,上左脚成左高弓步;同时,左手提盾于身体左侧与肩平,右手握刀向右前方砍刀;目视刀、棍触碰处。甲身体重心后移,左脚后退,前脚掌着地,两腿略弯曲;同时,两手握棍用棍梢段向左前方横击格挡;目视刀、棍触碰处。(图5-4-49)

图5-4-48

图5-4-49

朴刀进枪与盾牌刀对棍

③接上势，乙身体重心前移略左转，上右脚成右弓步；同时，左手握盾于身体左侧与肩平，右手握刀向左前方砍刀；目视刀、棍触碰处。甲身体重心后移，左脚不动，脚尖点地，退右脚，两腿略弯曲；同时，两手握棍右格挡击把；目视刀、棍触碰处。（图5-4-50）

④接上势，乙身体前移略右转，上左脚成左弓步；同时，左手提盾于身体左侧与肩平，右手握刀向右前方砍刀；目视刀、棍触碰处。甲身体重心后移，两腿弯曲，左脚后退，前脚掌着地，右脚不动；同时，两手握棍用棍梢段向左格挡击棍；目视刀、棍触碰处。（图5-4-51）

图 5-4-50

图 5-4-51

⑤接上势,乙身体重心前移略左转,上右脚成右弓步;同时,左手提盾于身体左侧与肩平,右手握刀向左前方砍刀;目视刀、棍触碰处。甲身体重心后移,左脚不动,脚尖点地,退右脚,两腿弯曲;同时,两手握棍成右格挡击棍把;目视刀、棍触碰处。(图5-4-52)

⑥接上势,乙身体前移略右转;上左脚成左弓步;同时,左手提盾于身体左侧与肩平,右手握刀向右前方砍刀;目视刀、棍触碰处。甲身体重心后移,两腿弯曲,左脚后退,前脚掌着地,右脚不动;同时,两手握棍用棍梢段左格挡击棍;目视刀、棍触碰处。(图5-4-53)

图5-4-52

图5-4-53

要点：甲连续退步格挡击棍稳健，上下动作一致，身械协调。乙连续上步紧凑连贯，左右砍刀迅速、准确，力达刀刃。

第十六式　乙弓步劈刀　甲弓步架棍

①接上势，乙起身直立，右脚向前跟半步成站立步；同时，左手提盾于身体前方，右手握刀向右上方举刀；目视甲方。甲重心不变，右脚后退，成左弓步；同时，双手握棍向头顶上方举棍，目视乙方。（图5-4-54）

图 5-4-54

②接上势，乙上体前倾，重心左移，成左弓步；同时，左手提盾于身体左侧与肩平，右手握刀由右上向前方劈刀；目视刀、棍触碰处。甲下肢动作不变，双手握棍在头顶上方举棍架挡；目视刀、棍触碰处。（图5-4-55）

要点：乙劈刀快速、准确，用力适度。甲架棍双手上举时两臂用力上撑，棍与地面要平行，握棍手松紧适度。

五、盾牌刀对棍套路解析

图 5-4-55

第十七式　甲正蹬腿扫棍　乙退步背腿跳

①接上势，甲身体重心上升略向后，左腿支撑站立，收右腿向前正蹬腿；同时，双手举棍推刀；目视乙方。乙身体重心后移，上体后仰，左脚前、右脚后成站立步。（图5-4-56）

图 5-4-56

167

②接上势，甲身体前倾，左腿屈膝，右脚向前落地成半蹲；同时，右手握棍向右后方举棍于身后，左手松开成仰掌；目视乙方。乙重心后移，左脚后退，右脚向内收半步；同时，左手提盾于胸前，右手握刀于右腿外侧；目视甲方。（图5-4-57）

图5-4-57

③接上势，甲身体重心前移，双腿继续下蹲；同时，右手握棍由后经右上方向左下方扫棍，眼随棍走。乙身体重心向左，左脚不动，右腿向左收脚成并步，双腿半蹲，双脚蹬地跳起向后背腿弯曲，身体后仰；同时，右手握刀向上举于头后方，左手架盾于左肩上方；目视甲方。（图5-4-58、图5-4-59）

图5-4-58

五、盾牌刀对棍套路解析

图 5-4-59

要点：甲扫棍时力发于腰，达于棍梢段。乙收脚起跳动作连贯，腾空背腿跳双腿向后展开，动作轻灵。

第十八式　甲弓步平抡棍击盾牌　乙俯身低头提盾格挡

①接上势，甲上体直立，上左步成左高弓步；同时，右手握棍由下而上扫棍于左肩，双手握棍；目视乙方。乙双脚落地，双腿开立步站立；同时，左手提盾于体前，右手握刀于右腿外侧；目视甲方。（图5-4-60）

图 5-4-60

169

②接上势，甲重心下降，身体右转，双脚距离不变，由弓步向右转成马步；同时，双手握棍由左向右做平抡棍；目视乙方。乙俯身低头，左手提盾于左腿前，右手握刀于身体右侧。（图5-4-61）

③接上势，甲身体重心右移，左脚向左后方撤步，右腿半蹲成弓步开立；同时，双手握棍继续向右上方平抡举棍于右肩，两臂弯曲；目视乙方。乙上体直立，左脚支撑，右脚向右后方撤步，身体右转，双腿成开立步站立；同时，左手提盾上架于体前，右手握刀于身体右侧；目视甲方。（图5-4-62）

图5-4-61

图5-4-62

④接上势，甲步法不变；同时，双手握棍由右向左平抡棍；目视乙方。乙向前俯身低头，双脚开立步站立；同时，左手提盾于左腿前，右手握刀于身体右侧。（图5-4-63）

⑤接上势，甲身体左后转，左脚向后叉步，右脚随身体左转成右弓步；同时，双手握棍随双臂弯曲架于右肩；目视乙方。乙抬头直立，左脚向后撤步成开立步站立；同时，左手提盾于体前，右手握刀于右腿外侧；目视甲方。（图5-4-64）

图5-4-63

图5-4-64

朴刀进枪与盾牌刀对棍

⑥接上势，甲身体左转，重心左移成左弓步；同时，双手握棍由右肩向左平抡击打盾牌；目视棍、盾触碰处。乙原地站立不动，姿势不变；左手提盾格挡，右手握刀于身体右侧；目视甲方。（图 5-4-65）

⑦接上势，甲身体右转，左脚支撑，右脚向后撤步成左高弓步；同时，双手握棍架于左肩；目视乙方。乙左脚支撑，身体右移，右脚向后撤步成开立步站立；同时，左手提盾架于身体左侧与肩平，右手握刀于身体右侧；目视甲方。（图 5-4-66）

图 5-4-65

图 5-4-66

五、盾牌刀对棍套路解析

⑧接上势，甲身体右转，重心右移，双腿弯曲由马步变成右弓步；同时，双手握棍由左向右平抡击打盾牌。乙下肢动作不变，左手提盾格挡，右手握刀于身体右侧；目视甲方。（图5-4-67、图5-4-68）

图 5-4-67

图 5-4-68

要点：甲步型稳健，双手握棍松紧适度，左右平抡棍迅猛有力，力达棍梢段。乙俯身低头撤步快速，重心稳健，架盾格挡距离适宜。

173

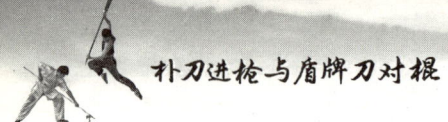

第十九式　甲左手脱棍　乙提盾推棍转身后摆腿

接上势，甲身体左转，重心左移成左高弓步；同时，左手脱棍架掌于身体左侧，右手不动；目视前方。乙身体右转，以左脚为支撑，右腿经右向左后上方摆腿，上体向左倾；同时，左手提盾推棍收于身体左侧与肩平，右手握刀于右腿上侧；目视甲方。（图5-4-69）

图 5-4-69

要点：甲转身快速，左手脱棍及时。乙后摆腿迅猛、准确。

第二十式　甲平抡棍接旋子转体360°前扑　乙上步砍刀接旋风脚360°侧摔

①接上势，甲左转身，上右脚成马步；同时，右手握棍由右向左平抡棍，双手握棍平架于胸前；目视乙方。乙左脚不变，身体左转，右脚向右前方落地成右弓步；同时，左手提盾架于胸前，右手握刀藏于身后；目视甲方。（图5-4-70）

五、盾牌刀对棍套路解析

图 5-4-70

②接上势，甲步法不变；左手脱棍立掌于体前右侧，右手举棍于头顶上方；目视乙方。乙身体前倾，左脚不变，上右脚成高弓步；左手提盾于身前，右手握刀于身体右侧；目视甲方。（图 5-4-71）

图 5-4-71

朴刀进枪与盾牌刀对棍

③接上势,甲上体前倾,双手姿势不变,退左脚成右弓步,左脚跟抬起;目视乙方。乙上体前倾,上左脚成交叉步半蹲;同时,左手提盾于体前;右手握刀于身后;目视甲方。(图5-4-72)

④接上势,甲上体左转,重心左移,双脚距离不变,成左弓步,右脚跟抬起;同时,右手滑握棍把端,由右向左抡棍成双手握棍,右手握棍收于腰间,左手握于棍身中段;目视乙方。乙身体重心上升,左脚不变,上右脚,两腿略弯曲;同时,左手提盾于体前,右手向头顶上方举刀;目视甲方。(图5-4-73)

图 5-4-72

图 5-4-73

五、盾牌刀对棍套路解析

⑤接上势，甲左脚不变，上体向前俯平，右脚由下向后上摆腿；同时，双手握棍；目视前方。乙身体左后转略后仰，左腿提膝，右脚支撑；同时，左手提盾与肩平，右手握刀由上而下撩刀。（图 5-4-74）

图 5-4-74

⑥接上势，甲左脚蹬地腾空旋子转体360°，落地侧摔于地面，左腿弯曲，右腿伸直；同时，右手握棍向前摔棍，左手体前拍地；目视乙方。乙右脚蹬地腾空，由右至左成旋风脚侧摔胯；同时，左手提盾于左侧贴地，右手握刀于身体斜上方；目视甲方。（图 5-4-75、图 5-4-76）

要点：甲在转体时，身体呈水平，双手成抱棍姿势空中完成转体一周，以身体右侧着地，与棍身同时落地。乙双脚蹬地跳起，左腿向上收腿，右腿做里合腿腾空一周侧摔。

朴刀进枪与盾牌刀对棍

图 5-4-75

图 5-4-76

第二十一式　甲前扑摔棍　乙侧摔砍刀

①接上势，甲身体向右起身前倾，右腿向前收脚下蹲，双手握棍触地；目视乙方。乙身体后移，右脚蹬地，两腿弯曲；左手提盾触于地，右手握刀于右腿上方；目视甲方。（图5-4-77）

②接上势，甲身体前倾，左脚向前并步；同时，左手握于棍身中段，右手握棍把于腰间；目视乙方。乙重心后移，右脚蹬地，两腿弯曲；左手提盾触于地，右手握刀于腰间；目视甲方。（图5-4-78）

五、盾牌刀对棍套路解析

图 5-4-77

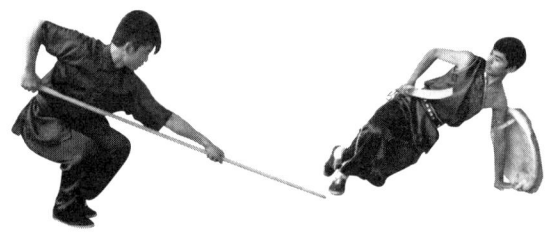

图 5-4-78

③接上势，甲重心前移，双脚蹬地向前跳起；同时，双手握棍由下向上举棍于头顶后方；眼随棍走。乙重心后移，左脚蹬地后退，双腿弯曲；同时，左手提盾触于地，右手握刀于身体右侧上方；目视甲方。（图5-4-79）

图 5-4-79

④接上势，甲上体向前跃起扑地，双腿分开；同时，左手握于棍身中段，右手握棍把端收于胸前；目视刀、棍触碰处。乙向后跳起落地，左腿弯曲，右腿伸直；同时，左手提盾触于地，右手握刀由上向下砍刀；目视刀、棍触碰处。（图5-4-80）

图5-4-80

要点：甲前扑时手、肘、双膝、脚尖需同时着地。乙防守时要迅速、灵活。

第二十二式　甲弓步压棍　乙弓步藏刀

①接上势，甲蹬地起身，双脚向前成跪步；同时，双手握棍向前下点棍；目视乙方。乙起身成左跪步，两手握刀、提盾于身体两侧；目视下方。（图5-4-81）

图5-4-81

②接上势，甲重心后移，左脚不动，右脚后撤步成马步；同时，双手握棍平举于体前；目视乙方。乙右转身，握刀、提盾于胸前，成开立步站立；目视甲方。（图5-4-82）

③接上势，甲步法不变，左手滑握于棍身梢段，右手握于棍把段使棍竖立；目视乙方。乙身体重心下降，下肢姿势不变；目视甲方。（图5-4-83）

图5-4-82

图5-4-83

朴刀进枪与盾牌刀对棍

④接上势,甲身体右转,重心右移成右弓步;同时,双手握棍由下而上成舞花棍,眼随棍走。乙身体右转,重心右移成右弓步;同时,左手提盾于身体左肩上方,右手握刀于身体右前方,右臂伸直。(图5-4-84)

图5-4-84

⑤接上势,甲上体前倾,左脚上步,右转身成马步;同时,双手握棍由下而上成舞花棍,眼随棍走。乙上体前倾,上左脚,右转身成马步;同时,左手提盾与肩平,右手握刀击拍盾牌;目视左方。(图5-4-85)

⑥接上势,甲身体右转,左脚不动,撤右脚成右弓步;同时,左手握棍中段于左侧体前,右手握棍把端于右腰侧,棍梢向前上方;目视乙方。乙身体右转,左脚不动,撤右脚成右弓步;同时,左手提盾于身体左侧与肩平,右手握刀于身后;目视甲方。(图5-4-86)

五、盾牌刀对棍套路解析

图 5-4-85

图 5-4-86

要点：甲舞棍花时，棍须在身体两侧立圆绕行，动作快速连贯，两手于胸前交叉。甲、乙双方注意定势动作距离适宜。

第二十三式　甲背腿跳劈棍　乙上举架盾格挡

①接上势，甲上体直立，左脚向前上步成左弓步，右腿蹬直；

183

朴刀进枪与盾牌刀对棍

同时,左手滑握棍至梢段,右手握棍把于右胸前;目视前方。乙上体前倾,左脚上步半蹲,右脚在后成交叉步;同时,左手提盾于体前,右手握刀于身后;目视甲方。(图5-4-87)

②接上势,甲身体前倾,重心下降置于两腿之间,左脚向前跨步;同时,双手握棍于胸前,棍身与肩平行,棍梢向左后;目视乙方。乙上肢姿势不变,上右脚成右弓步;目视甲方。(图5-4-88)

图 5-4-87

图 5-4-88

③接上势,甲身体重心前移,左脚不变,右脚蹬地收腿并步下蹲;同时,双手握棍,棍梢段由左后向前扫棍,眼随棍走。乙上体前倾,重心前移,左脚上步半蹲,右脚在后成交叉步;同时,左手提盾于身体左侧,右手握刀收于身体右侧;目视甲方。(图 5-4-89)

④接上势,甲双脚蹬地起跳向后摆成背腿,上体后仰;同时,双手握棍上举于左肩后;眼随棍走。乙身体向上直立,左脚上步,右腿蹬直;同时,左手举盾,右手握刀于身体右侧;目视甲方。(图 5-4-90)

图 5-4-89

图 5-4-90

⑤接上势，甲双脚落地，左脚在前成左弓步，上体前倾；同时，双手握棍由后经头顶上向下劈棍；目视棍、盾触碰处。乙重心向上，上右脚成右弓步；同时，左手上举架盾格挡，右手握刀上举于身体右侧；目视甲方。（图5-4-91）

图 5-4-91

要点：甲在完成背腿跳下劈棍时，双脚落地与劈棍要同时完成。乙举盾格挡准确有力。

第二十四式　乙马步架盾下劈刀　甲马步格挡棍

①接上势，乙身体前倾，双脚不变；同时，左手举盾拨棍下压，右手握刀于身体右侧；目视棍、盾触碰处。甲身体前倾，步法不变；双手握棍，由左上向下格挡；目视乙方。（图5-4-92、图5-4-93）

图 5-4-92

图 5-4-93

②接上势，乙身体重心左移，双腿屈蹲成马步；同时，左手提盾于身体左侧与肩平，右手由上向下劈刀，力达刀刃；目视刀、棍触碰处。甲上体右转，重心后移成马步；同时，左手握于棍身中段，右手握于棍把端向下格挡；目视刀、棍触碰处。（图5-4-94）

要点：乙劈刀发力时要以腰带臂，稳健、准确。甲马步格挡时两手握棍有力，距离适中。

朴刀进枪与盾牌刀对棍

图 5-4-94

第二十五式　甲抛棍跺刀　乙抛刀持盾牌

①接上势，甲重心后移，步型不变；同时，左手脱棍，右手握棍于把端；目视于刀。乙上体前倾，重心前移成右弓步；同时，左手提盾于身体左侧与肩平，右手握刀由下向上横砍刀；目视棍把。（图 5-4-95）

图 5-4-95

五、盾牌刀对棍套路解析

②接上势,甲身体重心右移,左脚提起踹向乙右手握刀柄处,顺势踩向刀柄,右脚独立支撑;同时,左手位于身体左侧,右手脱把抛棍,握拳于身体右侧上方;目视于刀。乙身体重心上升,右脚收回成开立步站立;同时,左手提盾于胸前,右手弃刀,双手持盾;目视于刀。(图5-4-96、图5-4-97)

要点:甲抛棍、踩刀快速、准确。乙横砍刀、弃刀逼真、连贯。

图 5-4-96

图 5-4-97

第二十六式　乙举盾下砸开立步冲拳　甲翻身前摔倒地

接上势，乙身体右转，左脚在后，右脚在前；同时，双手举盾于头顶上方，由上向下用力盖盾于甲后背处，双手脱盾；随即左臂盘肘于身体左侧，右手斜下冲拳于身体右侧；目视甲方。甲身体右转，重心前移，左脚并步，双脚起跳，向前翻转360°成前背摔倒地。（图5-4-98—图5-4-100）

图 5-4-98

图 5-4-99

五、盾牌刀对棍套路解析

图 5-4-100

要点：乙在盖盾时要快速、准确。甲在向前空翻背摔时，需被盾牌击中之后才能起跳。

第二十七式　甲鲤鱼打挺　乙站立格斗势

接上势，甲双脚抬起向上摆至头上方，双手放于双膝关节处，直体鲤鱼打挺起身站立。乙开立步站立，姿势不变；目视甲方。（图 5-4-101—图 5-4-103）

图 5-4-101

图 5-4-102

图 5-4-103

要点：甲鲤鱼打挺时要低头、下颌内收，摆腿、挺身用力顺达。

第二十八式　甲弓步盘肘冲拳　乙弓步盘肘冲拳

接上势，甲身体左转，重心下降，左脚不动，上右脚由马步过渡成右弓步；同时，左右手经云手后左手向左前方冲拳，右手随屈臂盘肘于右肩侧；目视乙方。乙身体重心下降，右脚向右撤步由马步过渡成右弓步；同时，左右手变掌经云手后左手向左前方冲拳，右手随屈臂盘肘于右肩侧；目视甲方。（图5-4-104、图5-4-105）

要点：甲、乙步型稳健，动作一致，精神集中。

图 5-4-104

图 5-4-105

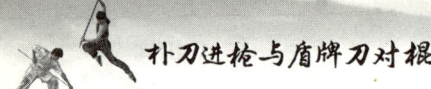

收势

接上势，甲身体右转，重心前移，左脚并步；目视前方，行抱拳礼。乙身体左转，重心前移，右脚并步；目视前方，行抱拳礼。（图5-4-106、图5-4-107）

要点：甲乙头要端正，下颌微收，挺胸、收腹。

图 5-4-106

图 5-4-107

（五）盾牌刀对棍套路运行路线示意图

注：图中等腰三角形顶端方向为运动员甲的胸部朝向。

第一段 套路运行路线示意图

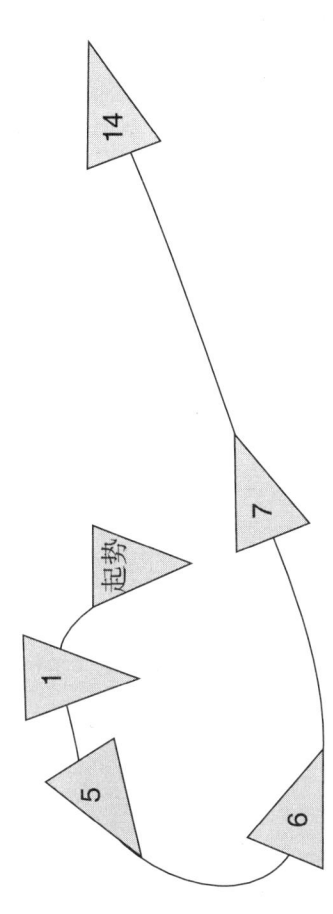

朴刀进枪与盾牌刀对棍

第二段 套路运行路线示意图

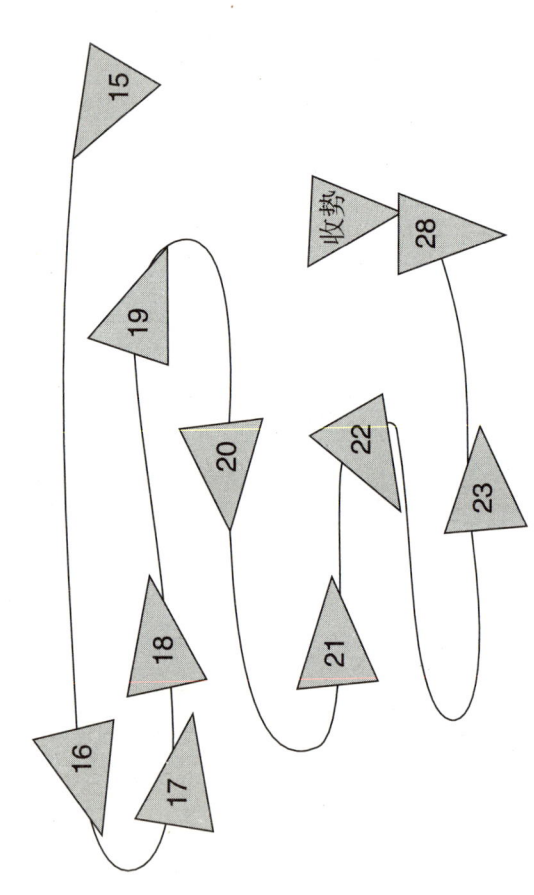

图书在版编目（CIP）数据

朴刀进枪与盾牌刀对棍／成都体育学院武术系审定．－北京：人民体育出版社，2017
（郑怀贤武学丛书）
ISBN 978-7-5009-5017-2

Ⅰ.①朴… Ⅱ.①成… Ⅲ.①器械术（武术）－基本知识－中国　Ⅳ.①G852.2

中国版本图书馆 CIP 数据核字（2016）第 174032 号

*

人民体育出版社出版发行
三河兴达印务有限公司印刷
新 华 书 店 经 销

*

880×1230　32 开本　6.5 印张　240 千字
2017 年 3 月第 1 版　2017 年 3 月第 1 次印刷
印数：1—2,000 册

*

ISBN 978-7-5009-5017-2
定价：18.00 元

社址：北京市东城区体育馆路 8 号（天坛公园东门）
电话：67151482（发行部）　　　邮编：100061
传真：67151483　　　　　　　　邮购：67118491
网址：www.sportspublish.com
（购买本社图书，如遇有缺损页可与邮购部联系）